文庫ぎんが堂

ゼロからわかる
幻想生物事典

かみゆ歴史編集部

はじめに

一角獣ユニコーン、妖精エルフ、邪竜ワイバーン……このような想像上の生き物＝「幻想生物」たちは、現代、数多くの映画・漫画・ゲームで描かれている。時には人類の心強い味方として、またある時は人類が倒すべき悪しきモンスターとして登場し、物語に感動と興奮を与えてくれる存在だ。それでは一体、これらの生物のルーツは、どこにあるのだろうか。

「幻想生物」の多くは、神話や民間伝承にその起源を見ることができる。特にギリシャ・ローマ神話や北欧神話には、数多くの幻想生物が神々の使いとして登場、これらは古代ローマの博物学者プリニウスの『博物誌』など書物にまとめられ、周知されるようになった。

そうした神話や民間伝承に登場する幻想生物がファンタジーの世界を彩り、世界観を伴って体系的に語られるようになるのは近代以降のことだ。特にトールキンの小説『指輪物語』シリーズの影響力は甚大なもので、我々が知る幻想生物の設定やイメージは、この『指輪物語』に端を発するパターンが多い。

本書は幻想生物を大まかに種族分けし、各章種族ごとに紹介している。1章では『博物誌』に取りあげられた生物をはじめ、馬や獅子など既存の動物をベースとする「幻獣」を、2章では蛇やトカゲを基礎にうみ出された幻想生物の代表的種族「ドラゴン・大蛇」の類を紹介。3章では『指輪物語』をはじめ、英文学作品を通じてその性格が形成された「妖精」や、獣と人間のハイブリッド「亜人・獣人」を解説する。4章では魂をもたない存在「精霊」や、ゾンビやヴァンパイアなど、死してなお生き長らえる「アンデッド」の代表例を掲載。5章では各国の神話で活躍する「巨人」や、ゴーレムといった魔術師によって人工的につくられた「魔法生物」を紹介した。

なお、東アジアの幻想生物については、既刊の『ゼロからわかる中国神話・伝説』『ゼロからわかる日本神話・伝説』で取りあげたため、割愛した。

著名な「幻想生物」たちがどのようにキャラクタライズされていったか、そのルーツはどこにあるのか、本書を通じて生物そのものをよく知ることで、より一層ファンタジーの世界を満喫できるようになるだろう。

かみゆ歴史編集部

ゼロからわかる幻想生物事典　目次

1章 幻獣

2章 ドラゴン・大蛇

3章 妖精・亜人・獣人

4章 精霊・悪霊・アンデッド

5章 巨人・魔法生物

本書の見方

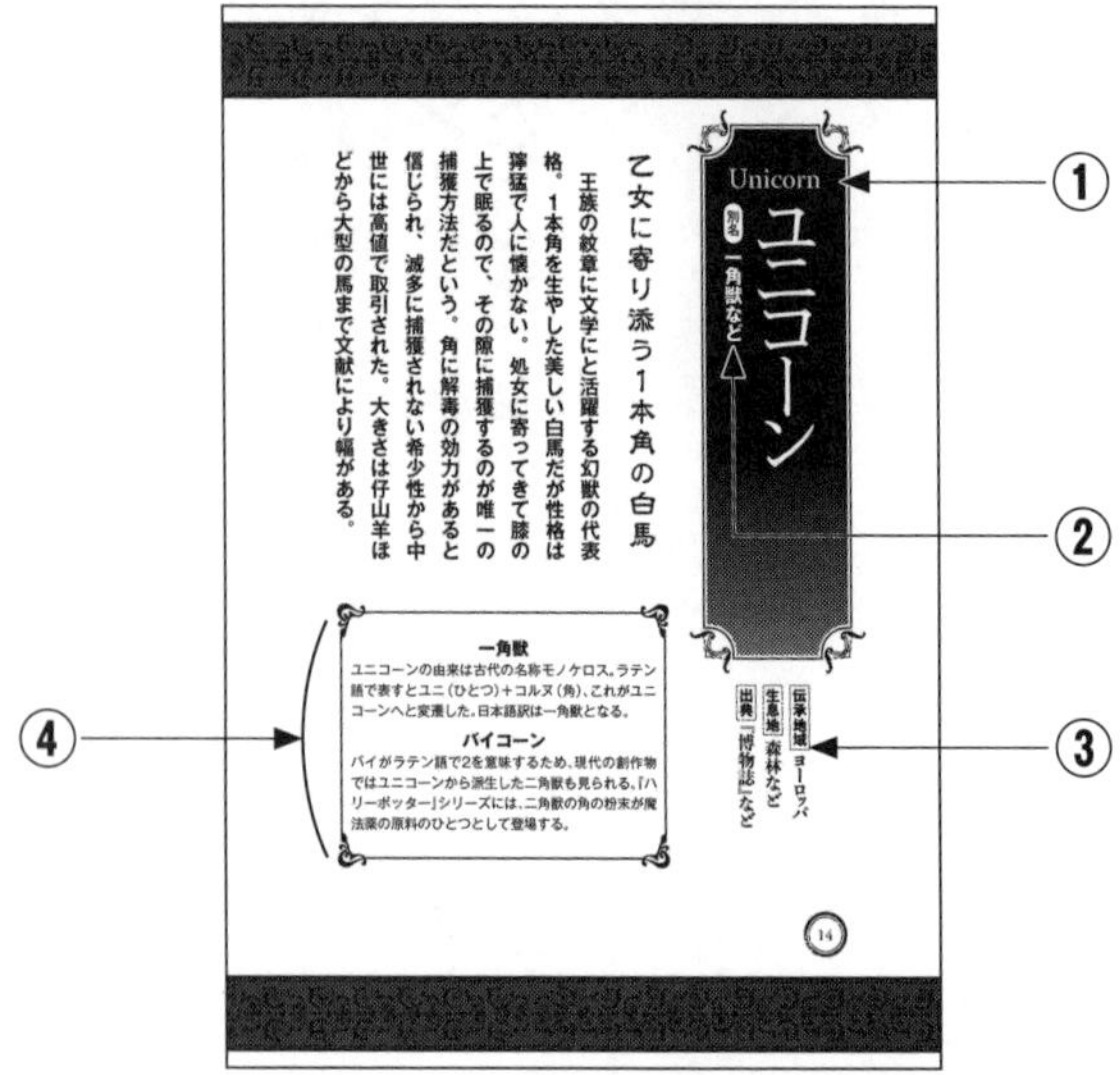

①名前の英語表記

②別名の紹介

③紹介する幻想生物の情報をまとめたもの。【伝承地域】・【生息地】・【出典】の項目からいくつか掲載

④関連する生物や伝説、宗教、歴史的事象、用語などを説明

注意
各キャラクターは出典によって異なった逸話、設定が伝わっているものが多い。本書で取りあげているのはそのうちの一部である。各生物の名前はわかりやすさを重視し、一般的に通りがよいと考えられる名前を見出しに採用している

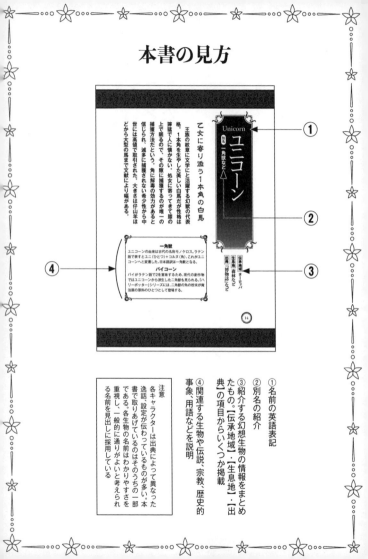

1章 幻獣

実在すると信じられた「幻獣」たち

幻獣の特徴を書き留めた古代の史料

神話や伝説に登場し、歴史や文化の中で語られてきた西洋の幻想生物たち。その代表格である一角獣ユニコーン［↓P16］は、高潔さからイエス・キリストやイギリス王家のシンボルとされた。しかしその性格は獰猛であるといわれ、危険なモンスターとしても認識されていた。このような吉凶どちらの存在にもなりうる伝説上の動物「幻獣」は、現代に至るまで人々を魅了し続け、古くは神話の時代から様々な生物が想像・創造され、研究されてきた。

人類最初の歴史家ヘロドトスの『歴史』、哲学者アリストテレスの『動物誌』なども幻獣について言及しているが、中でも最も重要な史料が、ローマの博物学者プリニウスの『博物誌』だ。本書には動物から人間、植物に至るまで数多くの幻想生物が記録されている。プリニウスは、前述のふたりを含めた100人のギリシャ・ローマの著述家の、2000巻は下らない書物を参考に、これを書きあげたという。16世紀に英訳されて以来、西洋の知識人に愛読され、博物学の宝庫とも称されるようになった『博物誌』は、幻想生物を語る上で外せない資料なのである。

優れた能力ゆえに伝説となった動物たち

多種多様な幻獣のうち比較的想像しやすいのは、天馬ペガサス［↓P20］、不死鳥フェニックス［↓P40］、冥府の番犬ケルベロス［↓P48］だろう。

ペガサスは、有翼の白馬で天を駆けるというが、空飛ぶ馬の伝説は世界中で見ることができる。家畜化され古くから人間とともに暮らしていた馬は、労働、軍事、祭事と様々な場面で重宝されてきた。特にその機動力は魅力的に映ったのだろう。神々や英雄の〝脚〟としての役回りが多いのも頷ける。

灰の中から蘇る火の鳥フェニックス。キジやクジャクに似た姿だといわれる伝説の鳥だが、大型や肉食の鳥は特別視されることが多く、特にワシやタカはサンダーバード［→P46］のように神の鳥として信仰されている。カラスも日本や中国、ギリシャで太陽と関連づけられ、北欧、ケルトでは軍神とされるなど、広い範囲で伝承が残存。大空を飛ぶ鳥は尊敬の対象であったのだろう。

3つの頭をもつ魔犬ケルベロスは、冥界の入り口で脱走者や侵入者を監視している。犬は冥界と関連づけられることが多いが、イヌ科のオオカミは北欧神話のフェンリル［→P50］のように死を象徴する恐怖の対象である反面、豊穣神や穀物神の性格ももっている。このように、人にはない優れた能力をもっている動物たちは、畏怖や尊敬の念で以って、時には神として、またある時には怪物として、古くから信仰されてきた。

幻獣の中には複数の種族の特徴を混合してもつ、グリフォン［→P34］のような合成獣、いわゆる「キメラ」も想像された。キメラは、ギリシャ神話に登場する、獅子、山羊、蛇（ドラゴンとも）の特徴をもつ怪物キマイラ［→P26］が語源であるといい、動物同士だけでなく人とかけ合わせたもの（いわゆる「亜人」）などバラエティーに富む。現代では遺伝子操作された生物兵器という設定を加えられるなど、キメラもまたファンタジー作品を彩り続けている。

『博物誌』に登場する幻獣の一例

プリニウスの著書『博物誌』には実在の生き物だけでなく、空想上の生き物についても言及されている。

名前	『博物誌』に書かれた生物の特徴
アクリス	スカンジナビアに住む大鹿のような怪物。俊足だが後ろ足の膝関節がなく、横たわることができない
一角獣(ユニコーン)	インドで最も獰猛な動物。頭は牡鹿、足は象、尾はイノシシに似ていて、2キュービッド(約100cm)もある1本の黒い角をもつ。プリニウスはサイのことだとしている
カトブレパス	頭が非常に重く、地面まで垂れている動物。 その目を見た者は絶命するという。ナイル川の源泉ニグリスの泉の近くに生息する
キュノケファルス	犬の頭部をもつ人間で、咆哮で会話するという。 野獣の皮衣を着て、爪を武器に獣や鳥を狩猟して食べる
グリフォン	恐ろしく曲がった嘴と耳をもつ鳥。エチオピアに生息し、鉱山から金を採掘する。 金を奪おうとするひとつ目の巨人「アリマスピ種族」から金を守る
コロコッタ	ハイエナとエチオピアの雌ライオンの交配種。 歯茎のない一続きの歯をもち、人間や牛の声を真似る
サラマンダー[→P144]	斑点に覆われた有毒動物で、非常に冷たい体をもっているため、火に触れると火が消える。プリニウスは耐火の力には否定的で、サンショウウオだとしている
スフィンクス[→P136]	褐色の毛と乳房をもつ。エチオピアに生息
ドラコ(ドラゴン)	象の天敵とされる大蛇。象のほかに鷲にも巻きつき闘争するが、どちらにしても両者絶命により終決するという
バジリスク[→P76]	見た者を絶命させる目をもつトカゲ。呼吸するだけで草木を焼き枯らし岩をも砕く。イタチが天敵であるとされる
フェニックス	不死鳥。鷲ぐらいの大きさで、喉にはところどころ毛の房が、頭には飾り毛があるという。世界に1羽しかいない
ペガサス	羽と角を備えた馬。エチオピアもしくはスキタイに生息するという
ボナナス(ボナコン)	パエオニア(マケドニア)に棲む雄牛のような野獣。 触れると火傷を負うくらいに強烈な糞臭を放って逃げる
マンティコラ(マンティコア)	人間のような顔と耳に、3列の歯をもち、目は灰色。 獅子のような体は血のように赤く、サソリのような尾で刺す
ライオン殺し	ライオンの天敵である小動物。ライオンに襲われると尿を撒き散らし致命傷を与える。体を焼いてつくった灰は、ライオンの獲物を殺す猛毒となる
レウクロコタ	エチオピアに棲むハイエナの異種。臀部は牡鹿、首・尾・胸は獅子、頭はアナグマ、割れた蹄と耳まで避けた口をもつ。ロバくらいの大きさで、人間の声を真似るという

ユニコーン

Unicorn

別名　一角獣など

伝承地域　ヨーロッパ
生息地　森林など
出典　『博物誌』など

乙女に寄り添う1本角の白馬

王族の紋章や文学作品でも大活躍の、幻獣の代表格。1本角を生やした美しい白馬だが性格は獰猛で人に懐かない。処女に寄ってきて膝の上で眠るので、その隙に捕獲するのが唯一の方法だという。角に解毒の効力があると信じられ、滅多に捕獲されない希少性から中世には高値で取引された。大きさは仔山羊ほどから大型の馬まで文献により幅がある。

一角獣
ユニコーンの由来は古代の名称「モノケロス」。ラテン語で表すとユニ（ひとつ）＋コルヌ（角）、これがユニコーンへと変遷した。日本語訳は一角獣となる。

バイコーン
バイがラテン語で2を意味するため、現代の創作物ではユニコーンから派生した二角獣も見られる。児童文学『ハリーポッター』シリーズには、二角獣の角の粉末が魔法薬の原料のひとつとして登場する。

ロバに鹿に象？　ユニコーンが白馬の姿になるまで

純白の馬の姿で知られるユニコーンだが、かつては必ずしもその姿ではなかった。古代ギリシャの医師クテシアスは著書『インド誌』で野生生物「モノケロス」としてユニコーンを紹介。ロバがベースで胴体が白、頭は紫色で黒・赤・白の三色に彩られた1本の角をもつと記した。後1世紀のローマ人、大プリニウスも著書『博物誌』にユニコーンを記載。体は馬で頭は雄鹿、足は象で尾は猪。半メートルもある黒い角をもち、獰猛で捕獲は不可能という。1本角の架空生物は、東洋では1本の角と鹿の体をもつ神獣・麒麟《きりん》が有名だ。このような生物のモデルはサイや雄牛など長い角をもつ生物を統合してできたのではと考えられる。中世頃、ウシ科の生物レイヨウのように二股に分かれた蹄、山羊の髭、そしてねじれた1本角をもつユニコーンのスタンダードが完成した。

また、クテシアスはユニコーンの角の解毒効果も紹介している。後世には「ユニコーンの角を浸せば毒水も浄化される」という伝説へ発展し、毒殺を恐れる王侯貴族が高値で取引するように。だが、当然角が実在したわけではない。

正体はイッカク（らせん状に伸びる角をもつ鯨類）の角で、その秘密が知れわたると角の人気は廃れていった。

獰猛な獣から高貴で希少なイメージへ変化

旧約聖書に登場する「レエム」という角をもつ強大な獣がユニコーンと誤訳されたため、ユニコーンはキリスト教世界でも強力な獣のイメージで浸透した。とにかく捕獲が難しいとされるユニコーンだが、中世の動物寓話において弱点が紹介された。ユニコーンは処女の前では大人しく、膝の上で眠るというものだ。この伝承から聖母マリアと結びつけられ、女性の守護者のように描かれるようになる。フランスのクリュニー中世美術館所蔵の「貴婦人と一角獣」はユニコーン絵画を代表するもの。日本ではアニメ『機動戦士ガンダムＵＣ《ユニコーン》』の物語の鍵として登場しアニメファンの注目を集めた。

ユニコーンはスコットランド王家の紋章で、イングランドの獅子と合わせて現在まで英国王室の紋章となっている。金融界では、未上場だが評価額が一流企業並みである新興企業をユニコーン企業と呼びその希少性を表現している。

ペガサス

Pegasos

別名 ペガソス、ペーガソスなど

伝承地域 ヨーロッパ
生息地 泉のほとりなど
出典 ギリシャ神話など

神と英雄に愛された空を翔ける天馬

翼をもつ馬ペガサス誕生のいわれは諸説あるが、よく知られているのはギリシャ神話の英雄ペルセウスが、見たものを石化させる目をもつメデューサを退治した時にうまれたという説。ペルセウスはメデューサを首ごと切り落としたが、その滴り落ちる血からペガサスが誕生したというのだ（海神ポセイドンとメデューサの間にうまれたとする説もある）。ペガサスの名前の由来は「大洋の泉」を意味するといわれている。ある伝承ではペガサスが足踏みをすると泉が湧いたとされ、これは詩神ムサイたちにインスピレーションを与え、ペガサスは教養や霊感、名声などを表わすシンボルとなっていった。

こんな神話もある。英雄ベレロポーンが怪物キマイラ［→P26］退治を命じられた。ベレロポーンはピレーネの泉で水を飲んでいるペガサスを見つけ、女神アテナから授かった黄金の手綱で手懐けることに成功。ペガサスに乗って空を飛び、キマイラの口に槍を刺して退治した。その後も怪物退治に活躍したベレロポーンは不死身になったように思いあがり、神々の高みに登ろうとオリュンポスの山頂を目指した。しかし、その思いあがりはゼウスの知るところとなる。ゼウスは虻を放ち、ペガサスを刺させたことにより、ベレロポーンは振り落とされ、再起不能の怪我を負う。一方、ペガサスは天までのぼり、ゼウスの馬車を引く役目を与えられ、その働きを讃えられて星座となった。

黄金の翼、純白の馬体のペガサスは、古代から装飾や絵画のモチーフとして美麗な姿で描かれており、その威厳と優雅さは人々を魅了し続けた。パリ市庁舎の芸術の間の天井画には、アポロンとペガサスの豪華な絵が描かれている。こうした絵画作品だけでなく、現代ではポップなアイコンとしても普遍の人気をもつに至った。ユニコーンやペガサスをキャラクター化した玩具「マイリトルポニー」にもカラフルなペガサスが多数登場する。

Kelpie ケルピー

伝承地域 ヨーロッパ
生息地 湖、浅瀬など
出典 民間伝承など

水辺に近づく者を喰らい尽くす恐怖の水馬

スコットランドの民間伝承に登場するケルピーは、情け容赦のない捕食者だ。本来の姿は馬で、黒や栗毛のつややかで美しい毛をもつという。しかし、別の姿で人前に姿を現すこともある。ケルピーは自在な変身能力をもち、みすぼらしい姿の老人や、女性の前ではその恋人に変身して容易に近づく。そして、人間を水中に引きずり込んで貪り喰うのである。疲れきった旅人や迷子も注意が必要だ。ケルピーは彼らに近づき、背に乗せて水の中に連れ去ってしまう。ケルピーの背は一度人間を乗せると降りられなくすることができ、大きさも乗せた人間の数に合わせて変えられる。こうして人間を余す所なく食べ尽くすが、内臓（一説には肝臓）が好きではないので、食べ残されたそれが水に浮かんでいることがあるとされる。

恐ろしい怪物ケルピーだが、使役することができると馬数頭分の働きを見せるという。ケルピーの頭に馬鞍を取りつけると使役できるらしく、それに成功したスコットランドのとある領主はケルピーに築城のための石を運ばせた。城はつつがなく完成したが、解き放たれたケルピーに呪いをかけられ、その後領主の家系には代々呪いがつきまとったという。

また、ケルピーは尾をもった姿で描かれることもあり、その尾で水を打つと雷鳴を起こすこともできる。さらに、ケルピーの姿を見たものは水難に遭うとされ、恐れられている。水辺に潜む恐ろしい精霊はアイルランドや北欧にも伝承がある。よくケルピーと比較されるアハ・イシュケはアイルランドを中心としたケルト人の伝承に登場。ケルピーは淡水域に出没するが、アハ・イシュケは内海などの塩水域に出没する。ケルト暦で大晦日にあたる10月31日、一般に言うハロウィンの日には特に凶悪化するという。また、スコットランドのネス湖の怪獣はケルピーではないかという都市伝説もある。

Sleipnir
スレイプニル

伝承地域 北欧
生息地 不明
出典 北欧神話など

北欧神話の最高神を乗せた8本足の駿馬

スレイプニルは北欧神話の最高神オーディンの愛馬である8本足の馬で、誕生のいきさつには北欧神話のもうひとりの主役とも言える悪神ロキが関わっている。オーディンらアース神族と、美しく賢いヴァン神族との激闘が終わり、和平が結ばれた時のこと。彼らが住むアスガルドの壁が戦争で崩れたため再建を急ごうとしていた。そこへ、巨大な馬スヴァディルファァリを連れた石工がやってくる。石工は「女神フレイヤを妻にめとらせてくれれば壁を再建する」と提案。とても受け入れられる要求ではなかったため、神々は納期を半年以内に設定し、要望をのんだ。しかし神々の予想に反して、スヴァディルファァリが一度に多くの石を運ぶため、壁は速く建造されていった。焦った神々はロキに相談。ロキは自ら牝馬に化けてスヴァディルファァリを誘惑し、壁の建造を遅らせた。その罠を知った石工は激怒し巨人の本性をあらわす。神々は雷を呼ぶ槌ミョルニルで巨人を打ち倒した。

この時、ロキがスヴァディルファァリの子としてうんだのがスレイプニルだ。名前は「滑る」という意味。その名の通り、8本足でどんな障害ものともせず、滑るように速く走る。ロキはこの俊足の馬をオーディンに献上、以来スレイプニルはオーディンの愛馬として活躍した。オーディンが巨人と競争する時や最終戦争ラグナロクの時にもおともをした。ロキの陰謀でバルドルという神が冥界に旅立ってしまった時には、バルドルの兄弟を乗せ、9日かけて冥界を目指し、垣根を越えてバルドル奪還の交渉を実現させた。

また、古代北欧ではオーディンの死と結びつけられた。古代詩人スカルドたちが、オーディンを死に至らしめた絞首台を比喩して「首吊縄を吊るした背の高いスレイプニル」と表現した。北欧では現代でも車や戦艦の名前に命名されている。

キマイラ

Chimera

別名 キメラなど

伝承地域 ヨーロッパ
生息地 リュキアの深谷など
出典 『イーリアス』など

非現実的な獣の究極形

ギリシャ・ローマ神話に登場する合成獣。ライオンと山羊と蛇が脈絡なくくっついた奇怪な造形は、合成の意図を見出すのも難しい。そこから理解不能な奇想、現実離れしたものという意味の言葉になり、現代生物学用語の「キメラ」ともなった。現代ホラーでは人間も含めて合成された、命を弄ぶようなグロテスクな生命体に名づけられることもある。

合成獣

複数の動物を組み合わせた怪物は少なくない。地と空の動物を足したグリフォン[→P34]のように相反するものを融合させ、認識や区別を覆し神的な領域に近づこうとしたとの研究的解釈がある。

鵺《ぬえ》

日本の代表的な合成獣。頭は猿、胴は狸、尾は蛇で手足は虎。声はトラツグミに似て不気味だという。つかみどころのない人物を指す言葉としても使われる。

ペガサスに乗る英雄に退治された凶悪怪物

キマイラの描写は紀元前8世紀頃のホメロスの記述が初出とされており、頭と体の前側がライオンで中央が山羊、後部は蛇とある。ほぼ同時代人とされるヘシオドスの叙事詩『神統記』では3種の頭をもち、足が速くて火を吐く凶暴な怪物とのこと。キマイラはもともと「山羊」を意味する言葉である。キマイラの両親もまた怪物だ。母エキドナは上半身が美女で下半身は蛇の怪物。父テュポンは一説には巨人でゼウスより強いとか。なお、冥界の番犬ケルベロス〔↓P48〕や、人間に問いかけを出すスフィンクス〔↓P136〕は兄弟とされる。

ギリシャ神話では英雄ベレロポーンに退治される。キマイラが現在トルコのリュキア地方を荒らしていたその頃、ティリュンスの女王に言い寄られたベレロポーンは、誘いを断った報復として女王の父イオバテスからキマイラ退治を命じられた。キマイラに殺されるだろうと踏んでのことだったが、女神アテナの力添えでペガサス〔↓P20〕を手に入れたベレロポーンの敵ではなかった。彼はキマイラの頭上を飛び、口の中に鉛のついた槍を突き刺した。すると、キマイラ自身が吐く炎で鉛が溶け、窒息死した。

キマイラの理解不能な造形のルーツとは？

継ぎ接ぎめいたキマイラの不気味さゆえか、中世には悪魔的な淫蕩の象徴とされ、12世紀の詩人マルボートはキマイラを娼婦に見立てた。上半身は上品な獅子でも、下半身は淫らな蛇である、といった具合だ。似たような見立てで恋愛にももち出され、若々しい愛の衝動は獅子に、成就を山羊に、終わった後悔を蛇に例えた。とはいえ、いずれも若干強引な論理だ。

アルゼンチンを代表する現代作家ホルヘ・ルイス・ボルヘスは、キマイラを「儚い偶然的な怪物」と表現した。他の合成獣と比べて不完全扱いされるキマイラだが、ルーツをたどると別の見方も。プリニウスによれば、古代リュキア付近にはメタンガスが噴出して常に火を噴く噴出孔があり、この地域をキマイラと呼んだという。同地では単純にライオンを描いた装飾品も多数出土。中東のライオンは現在400頭ほどしかいない絶滅危惧種だが、かつては数多く見られてキマイラの基礎になったのかもしれない。

Makara
マカラ

伝承地域　インド、東南アジア
生息地　海など
出典　インド神話など

仏教寺院で頻繁に登場！　厄災から寺院を守る水の守護獣

インド、タイ、インドネシアなど、様々な地域に広く伝わっている海の怪物。名前はヒンドゥー語のワニが語源であるとされ、ワニとカニと鳥を合体させたような姿で描かれることもある。だが、マカラの姿は様々で、巨大なカニや、魚の尾をもつ鹿などもよく見られる造形だ。つまり「マカラ」の名は、魚と哺乳類の要素を合わせもった混成怪物に用いられているともいえる。

ヒンドゥー教の重要な神の一柱ヴィシュヌや、ガンジス川を神格化した女神ガンガー、古代インドの水神ヴァルナといった神々がマカラの背に乗る。また、ヒンドゥー教寺院の入り口には守護獣としてマカラの彫刻が頻繁に見られる。

こうした寺院の彫刻では象の鼻をもつことも多い。マカラの彫刻がある代表的な建造物としては、インドネシアのジャワ島にある世界遺産ボロブドゥール遺跡が知られていて、アーチの彫刻にマカラを見つけられる。

マカラのように魚と哺乳類を組み合わせた怪物の例を世界に求めてみると、西洋では山羊座（カプリコーン）が相当するという。こちらもまた上半身が山羊で下半身が魚という合成獣だ。マカラは中国に渡り摩竭魚《まかつぎょ》と訳された。ちなみにカプリコーンの漢字表記は磨羯宮《まかつきゅう》となる。

日本でマカラのような混成怪物にあたるのは鯱《しゃち》であろう。実在するシャチとは別の「シャチホコ」とも呼ばれる怪物で、城の天守閣に鎮座する光景は日本人にはお馴染みだ。鯱は虎（もしくは龍）の頭をもつ魚で、尾ひれは上向き、背中には無数のトゲがある。江戸時代の書物『和漢三才図会《わかんさんさいずえ》』によれば、鯱は鯨さえ敵わない荒くれ者で、口から水を吐いて火を消すという。この鯱を最初に城郭に使用したのは織田信長。木造建築にとって恐ろしいのは火事であり、寺院や城などに火除けの守り神として鯱を飾るようになったのは、自然な成り行きだったともいえる。

ムシュフシュ

Mushussu

別名 シルシュなど

伝承地域 メソポタミア
生息地 バビロンなど
出典 メソポタミア神話、『エヌマ・エリシュ』など

メソポタミアの覇者につき従う古代文明のドラゴン

ムシュフシュは古代メソポタミア神話に伝わる合成獣。前足と頭は獅子で後ろ足は鷹、体は鱗に覆われ、尾は蛇で先端に毒の針がついた4本足の動物のようなシルエットで描かれる。現代ではドラゴンといえば鱗があり翼をもつ恐竜のような怪物だが、古代の蛇型怪物もドラゴンに分類されることがある。ムシュフシュも文献ではドラゴンとして紹介されている。

名前はシュメール人の言葉で「赤い蛇」や「恐ろしい蛇」といった意味合いになる。シュメール人は紀元前3000年期のメソポタミアに興った都市文明の担い手。彼らの言葉を名前にもつムシュフシュは、ドラゴンの初期形態に近

いものといえるだろう。

メソポタミアの都市バビロンなどの遺跡から、ムシュフシュを描いた品が多数発見されてきた。代表例は、19世紀に発掘されたバビロンのイシュタル門である。イシュタル門の発掘と同時期に、メソポタミアの神々と創世神話を刻んだ粘土板『エヌマ・エリシュ』が見つかっており、そこにムシュフシュの出自の記述がある。それによると、バビロンの最高神マルドゥクが、神々の母である女神ティアマトと戦った時、ティアマトは強力な11の怪物をうみ出した。そのひとつがムシュフシュだったという。結末をいえばティアマトは敗れたのだが、ムシュフシュは敵であるマルドゥクの随獣となる。敗者にも関わらず特別扱いである。以降、マルドゥクのみならず、その息子で最高神の地位を継いだ書記神ナブーや、軍事国家アッシリアの国家神アッシュールといった覇者たちの傍らに、ムシュフシュは頻繁に登場するようになった。古代インドからヨーロッパにかけてドラゴンは悪魔的な存在で、倒されるのが常である。ところが神に仕えるムシュフシュは、人々を厄災から守る聖獣であると崇められるようになり、様々な場所に描かれることとなったのだ。

グリフォン

Griffin

別名 グリフィン、グリフェスなど

伝承地域 中東、ヨーロッパ
生息地 金山など
出典 『歴史』など

王族の守護獣となった最強幻獣

陸の王たる獅子と空の王たる鷲を組み合わせた最強の幻獣。ドラゴンなどと並んで西洋文化に重要な足跡を残した。起源は古代メソポタミアにも遡り、図像として長い歴史をもつ。黄金の番人を務める逸話から知識や王族を表す紋章として人気に。現代では『ハリーポッター』シリーズの寮名「グリフィンドール」で知られる。

ヒッポグリフ

グリフォンと雌馬を掛け合わせた空飛ぶ馬。古くは「グリフォンは馬を嫌う」との伝承から「グリフォンと馬がつながる」という皮肉が存在していた。これをルネサンスの詩人アリオストがヒッポグリフという名の怪物にして、著書『狂乱のオルランド』に登場させたのがはじまり。物語は主人公が恋に狂って正気を失うというもので、作者は狂った世界の象徴として、ヒッポグリフを登場させたと解釈されている。

金目当ての人間を嫌悪する金山の番人

グリフォンの語源はギリシャ語のグリュプス。「掴む」、「曲がった」といった意味を含む。上半身と前足が鷲、下半身がライオンで、後ろ足で立ちあがり前足の鉤爪を突き出した図像が有名だ。背からは羽が生え、大きな目は赤く体は茶色、翼は青か白で描写される。

グリフォンは有史以来最古の合成獣ともいえる。最も古いと思われる絵は紀元前3000年、中東のシュメール神話において描かれた有翼のライオンの絵だ。アッシリア時代には、2対の有翼のライオンが神社の狛犬のように守護獣として描かれた。また、古代エジプト古王国時代にもよく似た動物がファラオとともに描かれた。中東全域に広まった図像であったことがわかる。

ヘロドトス『歴史』では、ギリシャから北方の地スキュティアに伝わる伝説を紹介している。それは金山を狙うひとつ目族アリマスポイ人と、金山を守るグリフォンの戦いの物語だった。彼らは騎馬民族であったので、グリフォンは人間と馬を嫌悪するようになった。グリフォンは侵入者をその鋭い鉤爪で襲い、うまく掴めたあかつきには自分の巣へ連れ去ってしまうという。

風格ある存在感でファンタジーに欠かせない幻獣に

グリフォンは古代以降も動物寓話や民話に登場。ギリシャ神話のアポロンほか神々の乗り物を引いたり、アレクサンドロス大王がグリフォンを使役する物語がつくられたりと引く手数多。金鉱の番人から黄金や財産の守護者へと進化し、ギリシャでは墓に描かれ、14世紀のイングランド王エドワード3世は個人の紋章にした。天と地を結びつける造形からキリストの天地統一を象徴することもあれば、人間を連れ去る恐ろしさゆえに悪魔とみなす少数派も存在した。

現代のグリフォンは、西洋の児童文学においてレギュラーメンバーともいえる活躍を誇る。『不思議の国のアリス』から『ナルニア国物語』まで、登場作品は枚挙に暇がない。その普遍的な造形の鍵はどうやら有史以前、恐竜の時代にあるようだ。と言うのも、中央アジアを中心に発掘されている、小型恐竜プロトケラトプスと姿形が似ていると指摘されているのだ。しかし古代人が化石を参考にして、グリフォンをうみ出したのかどうかは、推測の域を出ない。

Manticore
マンティコア

別名 マンティコレ、マンティセラなど

伝承地域 ヨーロッパ
生息地 森林地帯など
出典 『動物誌』など

大好物の「人間」を大量に喰い殺す人面ライオン

マンティコアは人間と動物を混成した怪物で、古代ギリシャのクテシアスやプリニウス、アリストテレスといった著述家の記述により伝わってきた。森林地帯に生息し、身体はライオンで顔は人間、大きく裂けた口には3列に並んだ鋭い歯をもつ。尾はサソリになっていて、毒針を出して攻撃する。非常に足が速く、恐ろしいことに好物は人間だ。ギリシャ語では「人喰い」を意味する言葉が充てられているほどだ。トランペットとフルート（ギリシャ神話の牧神パンの笛という記述も）を合成したような鳴き声だという。

尾から出す毒針を遠くに飛ばすこともでき、その飛距離はおよそ30メートル。

象以外の動物には致命傷となる強力な毒である。ただしこの毒針さえ対策できれば飼育することも可能となるようだ。古代ローマの著述家アイリアノスは、インド人たちはマンティコアをまだ毒針をもたない子どもの頃に捕獲し、針が出てくる前に尾を石でつぶすと伝えた。キリスト教教義に取り込まれてからは、大量の人間を殺す残忍さから悪魔の象徴とされた。

2世紀のギリシャの旅行家パウサニアスは、マンティコアのモデルはライオンではなく虎ではないかと推察した。現代でもインドでは虎が人を襲う事例が数多く、1900年前後にインドで起きた「チャンバーワットの人喰い虎」事件では虎が436人も喰い殺したとされている。背景には環境破壊により虎が森という棲み家を失ったことが関係していたようだ。

マンティコアはドラゴンのような主役級のモンスターではないかもしれないが、創作物に登場する時には非常に強力な存在として描かれている。トレーディングカードゲームの元祖『マジック・ザ・ギャザリング』ではマンティコアそのもののカードがあるだけでなく、マンティコアをモデルにしたマスティコアが、ゲーム中最強クラスのカードにもなっている。

Phoenix
フェニックス

別名 不死鳥など

伝承地域 ヨーロッパ、中東

生息地 アラビアなど

出典 『歴史』など

自身の炎の中から復活する

別名で「不死鳥」とも呼ばれるとおり、炎で自らを焼き遺灰の中から蘇るという神秘の鳥。エジプトに現れたとの伝聞を古代ギリシャの知識人らが書き残し、のちにキリスト教に取り込まれてキリスト復活の象徴になった。尾羽根は金、真紅、青など極彩色に彩られている。永遠への願いを込めたエンブレムなどによく用いられるモチーフである。

ベンヌ

古代エジプト神話で太陽神ラーの象徴である神鳥。夜に死に、朝日の中で蘇るという伝承がフェニックスと類似しておりルーツではとの説がある。

鳳凰《ほうおう》

中国神話に伝わる霊鳥。5色の色鮮やかな尾羽をもつ鳥で、中国のフェニックスと訳される。

ガルダ

インドおよびヒンドゥー教に登場する炎の神鳥。

古代人も「架空」と疑った世界に1羽の不死鳥

フェニックスが文献に初登場したのは、紀元前5世紀のギリシャの歴史家ヘロドトスの著書『歴史』といわれる。それによれば、フェニックスは古代エジプトの都市ヘリオポリスに500年に一度現れ、太陽神を祀るヘリオス神殿に父鳥の遺骸を運ぶという。のちに大プリニウスも『博物誌』に取りあげた。

フェニックスはアラビアに生息し、世界でたった1羽しかいない。大きさは鷲くらいで、尾は青、薔薇色の毛が混ざった極彩色の羽のもち主である。寿命は500年にわたり、死期が迫るとミルラなどの香料で巣をつくる。その中で死を迎えたあと、遺骸から虫が湧き、それが成鳥となって飛び立つという。プリニウスも「架空と思う」と記すほど当時から幻の存在だったようで、ローマ建国800年祭にフェニックスが披露されたという記録について「つくりごとだ」とさえ述べている。こうした伝承に火と復活の要素を加えたものが、後2世紀の動物寓話集『フィシオロゴス』だ。フェニックスは自身の炎の中で燃え尽き遺灰から虫が湧く。以降、虫から鳥になる展開は他の伝承と同様だ。

何度でも蘇る姿に「不屈の闘志」が重なる

フェニックスのルーツとしてよく紹介されるのが、エジプト神話の太陽神ラーの化身である神鳥ベンヌだ。その名は「朝日」を意味するといい、沈んではのぼる太陽と同じく死と再生を繰り返す。フェニックスに極めて類似した伝承だ。また、フェニックスのルーツについてキンケイという黄金色の派手な鳥がヒントになったとの説もある。世界に太陽や火を司る鳥の伝説は数多い。中国にはキンケイがモデルのひとつで、その卵が不老不死の霊薬とされる鳳凰、風水で火を司る朱雀《すざく》があり、ロシアには黄金の羽をもつ火の鳥の伝説がある。

フェニックスはローマ時代にはコインの図像になるほど人気で、西洋世界ではイエスの復活や、錬金術で生命をうみ出すという「賢者の石」の象徴ともされた。現代までイメージは引き継がれ、「永遠」や「不屈」を想起させるアイコンになった。ヒーローもののキャラクターからスポーツチームの名称まで、起用範囲は広い。イギリスのロックバンド・クイーンのロゴもフェニックス。HIV／AIDSと闘ったフレディ・マーキュリー自身の考案だった。

Roc
ロック鳥

別名 ルフ、ルクなど

伝承地域 中東
生息地 森、野原など
出典 『千夜一夜物語』など

太陽を覆ってしまうほど巨大な鳥

ロック鳥は鷲に似ているが、それより遥かに大型の巨鳥である。ペルシャ湾付近のアラビアから中東諸国に伝わってきた伝説の鳥で、ヨーロッパの冒険家が言及した文献が残っている。有名なもののひとつは『東方見聞録』で知られる14世紀のマルコ・ポーロの記述だ。

冒険家らの目撃談によれば、ロック鳥は頭に角があり、身体の大きさに比例して鉤爪や翼も巨大。鉤爪は象を容易に掴みあげられる大きさと強さがあり、持ちあげた象は高所から落とし粉々にしてから食べたという。また、ロック鳥が翼を広げると全幅は約30メートルにもなり、羽根1本が約7メートル。空を飛べば太陽を隠し、一面が暗くなるほどだという。マルコ・ポーロは、フビライ・ハンの宮殿でロック鳥の巨大な羽根を見せられ、感心したとのことだ。

マルコ・ポーロが書いたところでは、ロック鳥の生息地はマダガスカル島らしい。マダガスカル島には、かつてエピオルニスという巨鳥がいた。日本語では象鳥とも訳されるこの鳥は17世紀に絶滅。体高はおよそ3メートルもあり、翼は退化して飛べなかった。２０１３年、イギリスのオークションでエピオルニスの卵の化石が出品されたが、大きさは長径約30センチメートルだった。このエピオルニスが中東に伝わり伝説になったのではと言われている。

ロック鳥の伝説は『千夜一夜物語』の中の「船乗りシンドバッドの冒険」にも描かれている。航海の途中、とある無人島に置き去りにされたシンドバッドが出会う鳥だ。その鳥の卵は巨大なドームかと見まがうほど大きいという。巨大な親鳥が戻ってくると、シンドバッドはこっそりその足にしがみついて島を脱出。巨鳥ロックの伝説は、アラブ圏の船乗りの間で広く共有された伝説であったといい、シンドバッドの物語に反映されたのは、そうした船乗りたちの物語でもあったのだろう。

Thunderbird
サンダーバード

別名 ワケニャン、ティンミウクプクなど

伝承地域 北アメリカ
生息地 山頂、森など
出典 北アメリカ先住民の伝承など

アメリカ先住民に崇拝される雷鳴の巨鳥

北アメリカ大陸には多数の先住民族が存在するが、サンダーバードはそのほとんどの部族集団の伝承に登場する。それは巨大な鳥で、雷鳴とともにやって来る。巨大な翼の羽ばたきや、鋭い目から閃光を放って雷を落とすともいう。サンダーバードは部族ごとに多彩な顔を見せる。現在の合衆国北東からカナダの広い範囲に分布していたアルゴンキン語族にとっては、「我らの祖父」と呼んで畏怖する祖先の霊であり、祈祷を捧げる時には欠かせない存在であった。一方で、五大湖地方に居住したオジブワ族では、若者の興味を誘う対象であったようだ。ある日、ふたりの若者はサンダーバードが棲むといわれる山頂を、興味本位で儀式もせずに探検しようとした。霧に覆われた山頂に近づくと、霧の中から稲光が射し、若者の片割れが雷に打たれて転落してしまったという。

また別の部族は、人間に恵みをもたらしたと伝える。北西海岸のマカ族は、伝統的な捕鯨文化をもつ部族。彼らは飢饉の時にサンダーバードが海から鯨を掴んできて飢えから救ったと伝えている。山火事の多い地域では、サンダーバードと雨を結びつけて崇拝していた。また、複数の部族の伝説では人類を滅ぼそうとしている邪悪な海蛇ウンクテヒと戦い、人間がウンクテヒに劣勢になると助っ人のように現れると伝わる。

現代では先住民がつくるトーテムポールやアクセサリーのモチーフのひとつ。英語名が一般的に知られているが、アラスカの部族ではティンミウクプク、ダコタ地方ではワウケーオン、ワケニャンなどの部族言語での呼び名ももつ。

先住民の神であるサンダーバードを意識しているかどうかは定かではないが、サンダーバードと命名されたものは数多い。人形劇のテレビ番組『サンダーバード』シリーズは特に有名だろう。世界最高峰の飛行技術を持つ米空軍アクロバット飛行隊「サンダーバーズ」も世界中にコアなファンをもつ。

Kerberos
ケルベロス

別名 ケルベルス、サーベラスなど

伝承地域 ヨーロッパ
生息地 大西洋の「赤い島」など
出典 ギリシャ・ローマ神話など

冥界の番犬はハデスの忠犬

ケルベロスの両親はギリシャ神話最強の怪物テュポンとエキドナ。オルトロスやキマイラ〔↓P26〕、ヒュドラ〔↓P67〕、スフィンクス〔↓P136〕といった名だたる怪物を兄弟にもつ。ケルベロスは3つの頭をもち、尾が蛇、首のまわりにも、のたうつ蛇が生えているという合成獣。伝承によっては巨大な犬や獅子の姿で描かれることもあった。また異説では頭の数は50、尾の蛇の分も合わせると100の頭があるといわれている。それだけケルベロスの牙が恐れられていたのであろう。

ケルベロスは冥界の王ハデスに仕えており、番犬として冥界の門を守っていた。冥界に入るには、渡し守カロンの水先案内でステュクス河を渡って、ハデスの館の前まで行かねばならない。そのハデスの館の前に待ち受けているケルベロスは、入ってくるものを追い払い、逃げ出そうとする死者を捕らえて喰う。

ギリシャ神話の英雄アイネイアスは、ケルベロスの好物であるハチミツのケーキ（焼き菓子）に眠り薬を入れ、こっそりすり抜けることに成功。この伝説にあやかってか、古代ギリシャ人やローマ人は、死者が無事にケルベロスのいる門をくぐれるようにこのケーキを一緒に埋葬したという。また、竪琴の名手オルペウスは冥界にいる妻を取り戻すために、ケルベロスを竪琴の美しい音色で眠らせた。あの手この手で攻略されたケルベロスだが、最もひどい目にあわせたのは英雄ヘラクレス。彼の12の偉業のひとつがケルベロスを地上に連れて行くというミッションだ。ヘラクレスは、ケルベロスの喉元を豪快に素手で掴んで窒息寸前まで追い込み、ふらふらの状態で地上へ連行。太陽の光で意識を取り戻したケルベロスは、エウリュステウス王の宮殿で大暴れし、王が恐れをなして隠れている間に冥界へ帰っていった。ちなみに、この時大暴れしたケルベロスの牙から、猛毒の植物トリカブトがうまれたという。

フェンリル
Fenrir

別名 フェンリスウールヴ、フローズルヴィトニルなど

伝承地域 北欧
生息地 アースガルズなど
出典 北欧神話など

最高神オーディンを喰い殺した巨大な狼

北欧神話の悪神ロキと、女巨人アングルボザとの間にうまれた3兄弟の長男で、巨大な狼の魔獣。神々に災いをなすとの予言があったため、他の兄弟は神々の住むアースガルズを追い出された。フェンリルは、子狼の頃はまだ小さかったので神々が養育することにしたが、成長するにつれて巨大化。上顎は天へ、下顎は大地につくと比喩されたほどだ。そんなフェンリルを拘束するために、神々はグレイプニルという魔法の足枷を苦心してつくらせ、フェンリルを巨岩に縛りつけた。だが、最終戦争ラグナロクにおいて解き放たれたフェンリルは、予言の通りにオーディンを喰い殺した。

Wepwawet ウプウアウト

別名 ウェプワウェトなど

伝承地域 中東
生息地 不明
出典 エジプト神話など

軍隊の見張り役も務めた戦士の狼

ウプウアウトはエジプト神話に登場する狼の姿の神。名前は「道を切り開く者」との意味があるといい、軍隊が進軍する際には偵察の役まわりを務めていたという。神格化されたのはエジプト王朝の後期で、戦争から連想して、死者や死した魂を冥界へ導くと信じられるようになっていった。エジプト神話の冥界の神アヌビスが、犬もしくはジャッカルがベースになっていることから、よく似た神として混同も起きていた。碑文や壁画に描かれた時には、狼の姿以外にもジャッカルや、頭部が人間にされているものもある。灰色の毛皮をかぶり、弓などを携えた戦士の姿で描かれることも多い。

ドメニコ・ザンピエーリ「処女と一角獣」
処女に抱かれて落ち着くユニコーンを描く。
（ファルネーゼ宮蔵）

2章　ドラゴン・大蛇

「ドラゴン」の存在と「蛇」への信仰

西洋のドラゴンと東洋の龍の違いとは?

ドラゴンは一般的に大きな鉤爪と強大な力をもつ爬虫類とされ、北欧神話に登場する悪竜ファフニール〔↓P80〕のように、宝や富を守る者としての逸話が多く残されている。ギリシャ神話ではその守護者としての性質から、「目」「見ること」を意味する「ドラコーン(drakon)」の名前が当てられ、これが由来してドラゴンという名がうまれた。

ドラゴンはその容姿や性格に差はあれど世界中に広く浸透し、古代の神話から現代のメディア作品に至るまで、文化の中に息づいている。東洋のドラゴン、いわゆる「龍」が、聖獣として恩恵をもたらす存在と位置づけられる一方、西洋のドラゴンは恐怖や悪の象徴とされることが多い。これは、キリスト教においてドラゴンが悪魔化され、聖人の〝敵役〟として退治される伝説が多くつくられたからである。キリスト教では忌み嫌われているドラゴンだが、その獰猛な性格は軍事的な強さの象徴として愛好された。中でもウェールズではアーサー王伝説で有名な『ブリタニア列王史』に登場する赤いドラゴンを国旗にあしらい、国の象徴としている。

東洋の龍と西洋のドラゴンの違いは身体的な特徴によるところも大きい。龍が蛇のような長い体に鬣《たてがみ》と髭、鹿のような角をもつのに対し、ドラゴンはトカゲ、もしくはワニのような体躯にコウモリのような翼、トサカや角を有した姿で描かれる。しかし、西洋のドラゴンももとは有翼の大蛇であったという。

蛇は、大地や水の神として祀られている。特に、自らの尾を咥え輪になった蛇ウロボロス〔↓P68〕は、死と再生、生命力の象徴として古くから信仰され、世界各地の神話で見ることができる。しかしながら蛇もまたドラゴン同様、キリスト教や一部の地域では悪魔として忌み嫌われている。見ただけで死をもたらすと言われたバジリスク〔↓P76〕や、エジプト神話で神々を阻害する悪蛇アポピスがこれに該当する。

ワイバーン

Wyvern

別名 ワイヴァーンなど

伝承地域 ヨーロッパ
生息地 陸上・湖など
出典 イギリスの民間伝承など

紋章としても有名なドラゴン

コウモリのような羽をもつ2本足のドラゴン。イギリスの紋章や旗章などにも描かれている。紋章学では「敵意」を表すため、魔除けとしても用いられるという。見た目は有名だが神話はほとんど伝わっていない珍しいドラゴン。その見た目から現代ではファンタジーゲームの敵キャラクターとして取りあげられることが増えた。

紋章獣

西欧では古くから軍や家系、個人を表すのに紋章が使われていた。そんな紋章のモチーフには獅子や鷲といった力強い動物、植物、幾何学模様などが取り入れられることが多い。中でも好まれたのが動物の図柄で、神話上の動物や、架空の動物も人気。ワイバーンもそのひとつで、いまでもイギリスの紋章でその雄々しい姿を見ることができる。

ヨーロッパで広まったドラゴンの中のドラゴン

背中にコウモリのような羽と棘の生えた尾をもつ、2本足の巨大な爬虫類。牙の生えた口からは炎を吐き出し、時には毒を有することもある。性格は凶暴で立ち向かってくるもの全てを食べ尽くす凶悪なモンスター……そんな典型的な伝承を有するドラゴンがこのワイバーンだ。

ワイバーンとは、古くからイングランドやフランスの寓話や伝説の中に存在したドラゴンのことで、はるか昔は「ワイバー」と呼ばれていたとされる。語源はラテン語で「クサリヘビ」だったともいわれている。またフランスでは古くから「ヴィーヴル」と呼ばれる翼をもつドラゴンが存在し、それが時を経てワイバーンに変化、同化したともいわれる。また、ワイバーンとは通常は陸に現れるドラゴンだが、中には湖など水中で生きる個体も存在し、その場合は手に水かきをもつという。

特定の神話をもたないため謎の多いドラゴンではあるが、力強いワイバーンの姿は人々を惹きつけたらしい。雄々しくも恐ろしい姿のワイバーンが表すものは、敵意や悪意。しかしその敵意は敵を討ち破るためのパワーとみなされることになる。

凶悪なドラゴンは紋章のモチーフとして愛された

やがてイギリスでは、ワイバーンのパワーを紋章の柄に取り入れるようになった。紋章学においては「強い敵意」という意味をもち、特に戦争で使われる旗章としては最適のモチーフだったらしい。中世以降、イギリスでは多くの紋章にワイバーンが登場することになる。

中世の英国王は旗に黄金のワイバーンを描かせ、七王国時代のウェセックス王国においては真っ赤な旗に黄金色のワイバーンの紋章を描かせた。また、現在のイギリスのウェセックスにおける義勇軍の歩兵師団も、紋章としてワイバーンの図柄を取り入れている。このようにワイバーンは、イギリスでは町のあちこちで今でも出会うことのできるドラゴンだ。さらに今では、日本でもゲームや漫画などにも登場し、すっかりお馴染みとなった。寓話も神話ももたないが、紋章で日の目を見た珍しいタイプのドラゴンであるといえる。

Bahamut
バハムート

別名 ベヘモト、ベヘモス、ベヒモスなど

伝承地域 ヨーロッパ、中東、アジア
生息地 陸上など
出典 旧約聖書、『千夜一夜物語』など

カバからドラゴンへ進化した幻獣

旧約聖書の『ヨブ記』に登場する巨大な怪物。ヨブ記ではベヘモト、あるいはベヒモスと名づけられた化物がこのバハムートの前身だ。しかしベヒモスの姿は今のような空駆けるドラゴンではなく、カバか象に例えられる陸の生き物だった。このベヒモスは「神が自らつくり出した獣である」と神自身が語っている通り、巨大な体と強烈な力をもつ神の傑作。彼とともにうみ出された海竜リヴァイアサンと同じく、自然災害をもってしても倒すことのできない生物だった。そんなベヒモスも、中世に入るとキリスト教で悪魔へ姿を変えることになる。大きな口でなんでも食べてしまうことから、七つの大罪のひとつ「大食」にかかわり、人間を過食に導く悪魔として恐れられた。

このベヒモスがアラブに伝わると、バハムートと呼ばれるようになる。『千夜一夜物語』ではイーサー（イエス・キリスト）が移動するバハムートを見てしまい、ショックのあまりに卒倒。3日後に目覚めてもバハムートの姿が見えたというから、常識はずれの大きさであることがわかる。またイスラムでは、バハムートは天地創造に関わる巨大な魚へ姿を変えた。バハムートは巨体で世界を支えているとされ、その大きさといえば「彼の前に海を置いても、それは砂漠に落ちたひと粒のケシの種のように小さい」と讃えられるほどだった。

古代から中世にかけ、カバ、魚、悪魔と様々に姿を変えてきたバハムート。その進化は現代に入ってもまだ続く。ファンタジーゲームの原点ともいわれるTRPGの『ダンジョンズ&ドラゴンズ』に取り込まれる際、バハムートはドラゴンへと姿を変えたのだ。このゲームは日本のファンタジーにも影響を与え、『ファイナルファンタジー』のバハムートは初代より竜の王として登場。それ以降、サブカルチャーに登場するバハムートは、魚でもカバでもなく、大きな羽や長い爪をもつドラゴンへと進化したのである。

タラスク

Tarasuk

別名 タラスカ、タラスコヌスなど

伝承地域 ヨーロッパ
生息地 森など
出典 『黄金伝説』、『聖女マルタ伝説』など

聖女に倒された水陸両生のドラゴン

ギリシャ語で「遮る」という意味をもつ怪物、タラスク。見た目はワニ、あるいはライオンに似た体に蛇の尾、足が6本あり、背中には巨大な羽をもつドラゴンだ。亀の甲羅や尖った背びれをもつという説もある。タラスクとは海竜リヴァイアサン［↓P66］と、牛によく似た化け物、ボナコンの間にうまれたとされ、地上だけでなく川にも潜ることのできる水陸両生の生き物だった。

そんなタラスクが生息していたのはフランスのローヌ川近辺、タラスコンと呼ばれる地域。水や森に潜んで人間を襲い丸呑みにする凶悪なモンスターで、誰も仕留めることができず、周辺の住民は怯えて暮らしていた。そこに現れた

のが、キリスト教の宣教活動のためこの地を訪れていた聖女マルタだ。彼女は噂を聞きつけると、十字架と聖水を持って怪物を倒し、縛りあげた。捕らえられたタラスクは、恨みをもつ湖畔の住人たちに切り刻まれる。英雄や神ではなく、一般人によって殺される珍しいドラゴンでもある。また聖女によって捕らえられたことで、以降この怪物はマルタとともに多くの絵画などでも描かれるようになった。

のちにフランス地方で大型恐竜の骨が見つかるが、この恐竜にはタラスクの名前をもじって「タラスコサウルス」という名前が与えられた。さらにドラゴン伝承が今も残るタラスコンでは、毎年6月に「タラスク祭」と呼ばれる祭りが開催。祭りでは全身7メートルになる巨大なタラスクの出し物が登場し、若者たちが張り子のドラゴンを引っ張り回すのがお祭りのメインイベントである。またスペインのグラナダでも、タラスカと呼ばれるドラゴンを取りあげたお祭りが開催される。これはフランスの伝承がスペインに伝わったことが由来とされる。タラスクは時を越え、フランスをはじめヨーロッパの人々の中に浸透しているドラゴンである。

Worm
ワーム
別名 ウィルムなど

伝承地域 イギリス
生息地 沼地、井戸、湖など
出典 『ランプトンのワーム』など

高い生命力をもつドラゴンの亜種

ドラゴンといわれて思い浮かぶのは、コウモリのような羽、鱗に覆われた体、そして空を悠々と飛びまわる姿だろう。同じドラゴンでもこのワームは羽どころか手足もなく、細長い見た目。空は飛べず、地面を這って行動する。その体は巨大で、まるで大蛇のような存在だ。

今ではワームといえば芋虫やうじ虫を指す事が多いが、モンスターとしてのワームは古くからイングランドの民間伝承に描かれてきた。ノルウェー語で竜や蛇を指す「ウィルム」という呼び名が語源であるという説もある。そんなワームは沼地や湖、井戸、海などの湿地帯を好み、近づいてきた人間に襲いかかるという恐怖の存在だった。中には炎や毒を吐くワームも存在するが、一番恐ろしいのはその硬さと再生能力。鱗が硬いだけでなく、切っても傷口がすぐに塞がってしまう倒し辛いモンスターなのだ。

そんなワームと人間の戦いの記録で有名なのは、イギリスの民間伝承『ランプトンのワーム』だろう。ランプトン家の若者はある日、川で小さなワームを釣りあげるが、彼はそれを井戸へ捨ててしまった。井戸の底で成長したワームは人々を襲い始めるようになる。そのことに気づいた若者はワーム退治に向かうのだが、切りつけてもワームの傷はすぐに再生してしまう。困った若者は魔女の助言を得て再びワームに立ち向かい、今度こそ化け物に打ち勝った。

後世にもこのワームという存在は脈々と生き残り、ゲーム『ファイナルファンタジー』では、別のドラゴンであるヒュドラ［→P67］とワームが合体したワームヒュドラが登場する。さらに映画『デューン／砂の惑星』で出現する巨大なモンスターの名前はサンドワーム。モンスターのワームは湿地帯に暮らすが、こちらのワームは砂の中から現れ人々を脅かす。しかし貪欲に全てを食べ尽くす凶暴性はもともとのワームにそっくりである。

Leviathan

リヴァイアサン

別名 リヴィアタンなど

伝承地域 キリスト教圏
生息地 海など
出典 旧約聖書『ヨブ記』など

神につくられた海の幻獣

旧約聖書『ヨブ記』に登場する巨大な海のドラゴン。硬い鱗に覆われた体をもち、炎を吐き出す。さらに彼の通った場所は脂で光り輝くといわれている。彼はベヒモス（バハムート〔↓P60〕）と同じく神のつくった生き物で、どんな武器を使っても打ち倒すことができない存在だった。しかし終末には神によって殺され、聖人の食卓に捧げられる運命である。中世に入ると彼は悪魔へと姿を変え、七つの大罪のひとつ、嫉妬を司るようになる。もとはバビロニア神話における海洋生物の王であり、それがユダヤ教、そしてキリスト教圏に取り込まれた。現在は多くのゲームでも見かけるお馴染みのモンスターとなった。

Hydra
ヒュドラ

伝承地域 ギリシャ、ローマ
生息地 沼地など
出典 ギリシャ神話、『ヨハネ黙示録』など

英雄ヘラクレスに倒された9頭の大蛇

ギリシャ神話に登場する、9つの頭をもつ大蛇。強い毒をもち、息だけで生き物を殺せたという。この怪物はギリシャ南部の沼地で人々を恐れさせていた。そんなヒュドラに立ち向かったのはギリシャ神話の英雄ヘラクレスだ。首をひとつ切り落としてもすぐに復活してしまうので、彼は切り口を焼いて復活を防ぎ、その隙に9つ全ての首を切り落としたという。ヘラクレスはのちにヒュドラの血で毒矢をつくり、敵であるケンタウロスを射殺。しかしヒュドラの毒はケンタウロスの血の中で生き続け、ヘラクレスはこの血によって殺されることになる。ヒュドラは時を超え、英雄に復讐を果たしたのだ。

Uroboros

ウロボロス

別名 ウーロボロスなど

伝承地域 エジプト、ヨーロッパ
生息地 不明
出典 世界各国の神話

宇宙を表す壮大なドラゴン

名前の意味は古代ギリシャ語の「尾を飲み込む蛇」。自分の尾を自らの口でくわえる蛇、あるいはドラゴンの姿で描かれる。その形は円形で、生と死、再生と破壊という2つの相反する象徴を表す。ウロボロスは象徴や概念として哲学や錬金術、グノーシス主義の思想に取り入れられてきた存在で、世界各国にウロボロスに似た存在がある。

ヨルムンガンド

北欧神話に登場する蛇、あるいはドラゴン。いたずら好きの神として知られるロキと、女巨人アングルボザの間にうまれたとされ、狼の化け物フェンリル[→P50]や冥界の支配者ヘルの兄弟でもある。しかしヨルムンガンドはあまりに凶悪だったため神々は彼を海に投げ落としてしまった。ところが彼は海に沈むことなく、人間の住むミズガルズをぐるりと取り囲むほど巨大に進化。尾を口でくわえたウロボロスのような姿で成長したといわれている。

自らの尾を食べ続けるドラゴン

自分の尾の先に噛みつき、くるりと円を描く蛇、もしくはドラゴン。ウロボロスの起源は古く、紀元前のエジプトのヒエログリフにまで遡る。自分の尾を食べ続けて死と再生を繰り返すこの生き物はギリシャに伝わり、やがて「尾を食べるもの＝ウロボロス」と名づけられた。

ウロボロスは神でも悪魔でもないため具体的なエピソードをもたないものの、彼は後世の哲学や思想に大きな影響を与えた。特にヘレニズム時代に流行した、反キリスト思想のグノーシス主義には大変好まれることになる。キリスト教において蛇は、アダムとイヴを堕落させた悪者であり悪魔として扱われるが、グノーシス主義からすれば、蛇はアダムとイヴを悪しき神から解き放った聖なる象徴。こうしてウロボロスはグノーシス主義において永遠の魂や世界を表すものとされ、やがてグノーシス主義の象徴となった。

またのちに錬金術が流行すると、完全な物質「賢者の石」を表すのにこのウロボロスが用いられるようになる。錬金術では鉄から銅、銅から鉛……とどんどん変化し、やがて金となり、金は鉄に戻るという循環の思想。そのため、尾を食べながら再生し続けるウロボロスは最適な象徴だったのだ。

ウロボロスに似た生物は世界中の神話に登場!?

ウロボロスのように自分の尾に噛みつき円を描く蛇は、世界中の神話で見ることができる。例えば古いインドの宇宙観では、世界は4頭の象の上に存在するとされた。象の体を支えているのは巨大な亀。そしてその亀を支えるのが、自分の尾をくわえた蛇である。エジプト神話でも、ラーと旅をする蛇の神メヘンが尾をくわえた姿で壁画に描かれた。さらに北欧神話における悪神ロキの息子ヨルムンガンドは、神々によって海の中に放り込まれたあと、海中で大きく育ち、巨大な体で世界を取り巻いたという。

ウロボロスは、近代の科学者にもひらめきを与えた。とある科学者はウロボロスの夢を見て、分子構造を発見したといわれている。

近代に入るとアニメや漫画、ゲームなどのサブカルチャーでも多く使われ、ウロボロスは今でも多くの物語に影響を与えている。

ケツァルコアトル

Quetzalcoatl

別名 ケツァールコウアトルなど

伝承地域 メソアメリカ
生息地 不明
出典 メソアメリカ神話

古代メソアメリカの全能神

メソアメリカ、さらにアステカ文明で信奉されていた全能神。人類創世神話にも関わる神で、人間に農業や文化を伝えた。また悪神と戦う善の神でもあった。通常は人身をもつ神だが、アステカ文明以前の遺跡では鳥と蛇が融合した「羽毛をもつ蛇」の図案も残されており、アステカ文明より古い時代は蛇身の神として信じられていたらしい。

アステカ神話

現在のメキシコ市にアステカ人が現れたのは14世紀末頃。彼らは先住民族のトルテカ文明を征服し、そこに都を築いた。その際、トルテカ人が信奉していた神々や神話を取り入れ、今のアステカ神話が誕生したといわれている。そんなアステカ神話の中でも特徴的な点といえば、神殿における生贄文化だろう。ケツァルコアトルはこの生贄を止めさせた神としても知られている。

メソアメリカで紀元前より信じられた蛇神

アステカ神話における全知全能の神であり、人類創世にも関わったケツァルコアトル。人間に穀物のつくり方や文化を伝えた慈愛の神だ。彼は悪神テスカトリポカと何度も戦ったとされ、アステカ文明における最高神でもある。「ケツァール」は美しい羽をもつ鳥、「コアトル」はガラガラヘビのことを指す。そんな2つの名を合わせもつこの神の出自はアステカより遥か昔、紀元前にまで遡る。テオティワカン文明の神殿には、羽毛をもつ蛇の神が描かれており、この〝羽毛をもつ蛇神〟こそ、原始のケツアルコアトルだとされる。アステカの前に栄えたトルテカ文明では、支配者にケツァルコアトルの名が与えられるなど、この神は古代メソアメリカで広く信奉されていたようだ。

現在のメキシコにアステカ文明が誕生したのは14世紀末から15世紀のこと。ケツァルコアトル信仰は前文明より引き継がれ、アステカにおいて創造神として確立。しかし同時に、神は擬人化され、蛇ではなく仮面をつけた成人男性の姿として描かれるようになった。

アステカでは人類創世にも関わった創造神

多くの神話が残る神だが、蛇身の時代にどのような神であったのかを記す資料はほとんど残されていない。ケツァルコアトルの神話はもっぱら、アステカ文明に入ってからのものばかりだ。彼のライバルは破壊と悪の神、テスカトリポカ。テスカトリポカの神殿では古くから生贄を捧げる風習があったが、その文化をケツァルコアトルが辞めさせた、といわれている。

そんなケツァルコアトルはある時、テスカトリポカに敗れ、「一の葦《あし》」の頃に戻ると人々に告げて姿を消した。ようやく彼の指定した「一の葦」の時期、アステカにやって来たのはスペインの征服者《コンキスタドール》だった。しかしアステカ人はケツァルコアトルの再訪と信じて彼らを招き入れ、帝国は滅亡。多くの神殿は打ち壊され、古の神話は葬られてしまった。

しかし近代に入って発見された世界最大の翼竜は、この神から名前を与えられ「ケツァルコアトルス」と呼ばれるようになる。〝羽の生えた蛇〟の姿が現代になって蘇ったのだ。

バジリスク
Basilisk

別名 バシリスク、バシリコック、コカトリスなど

伝承地域 ヨーロッパ
生息地 砂漠など
出典『博物誌』、『動物誌』など

人々を恐れさせた毒蛇の王

古くからヨーロッパで信じられていた毒蛇。小さな蛇だが、強烈な毒を有することから「小さな王」「蛇の王」と呼ばれていた。この生き物は、中世では動物寓話集にも登場。のちに蛇の尾をもつ雄鶏の姿の生き物「コカトリス」がバジリスクと混同されるようになる。やがてバジリスクは鳥の卵からうまれた鳥×蛇の怪物という存在に変化していった。

コカトリス

バジリスクから派生して誕生した生き物で、毒をもつ雄鶏と蛇が組み合わさったモンスター。その毒は目が合うだけでも死に至るという強烈なもの。そんなコカトリスは、若い雄鶏が堆肥の上でうみ落とした卵から誕生すると信じられていた。しかしこのコカトリスはバジリスクとの共通点が非常に多く、のちに混同されることになる。今ではコカトリスはバジリスクの異名となった。

小さな体に最強の毒をもつ蛇

古代より、ヨーロッパや中東で信じられていた幻獣。当初、バジリスクは24センチメートルほどの毒蛇として登場した。他の蛇と異なる点は、頭に王冠のような小さな突起をもつこと。そして人を死に至らしめるほどの強烈な毒のも
ち主であることだろう。バジリスクはこの毒で人々を恐れさせていた。

バジリスクは匂いだけで生き物を殺すことができる、槍で突けば毒が槍を伝って人の腕を腐らせる、目が合えばそれだけで死ぬ……など、その毒性は進化していった。バジリスクが触れた大地は枯れ果て木々も育たず、バジリスクによって中東は砂漠になった、というような伝説までうまれた。

さらに中世に入ると姿まで変貌を遂げた。体はとさかの生えた雄鶏、ドラゴンのような翼、そして尾は蛇という化け物らしい姿へと変化したのだ。それはこの頃に誕生した新たなモンスター、コカトリスと同化した結果である。

この同化によって、バジリスクには様々な伝説が付与された。例えば雄鶏がうんだ卵を蛇やカエルが温めることでうまれる、ナイル川で毒蛇を捕食する水

鳥イビスの卵からうまれる、ヒキガエルの卵を雄鶏が温めて誕生する……など。このような奇妙な誕生譚が、バジリスクの神秘性を高めることになる。

最強モンスターの意外な弱点？

最強に思えるバジリスクだが、彼にも弱点があった。彼らが恐れるのは、なんとイタチ。イタチをバジリスクの巣に投げ込めば、臭気でバジリスクは死に至ると信じられていた。そのため旅人は、用心のためにイタチを連れて旅に出たという。また、バジリスクは自分で自分を見つめても毒がまわって死んでしまうため、バジリスクと戦う時には鏡を用いるのが良いとされる。

蛇を悪魔と見るキリスト教圏においては、バジリスクは悪の象徴でもある。聖職者が祈りによってバジリスクを倒すというエピソードや、かのアレクサンドロス大王が鏡を使ってバジリスクに勝利した話など、様々な人間との戦いの記録の残るモンスターでもある。

そんなバジリスクはルネサンス期まで実在すると信じられており、その姿はのちに紋章などにも取り入れられることになった。

ファフニール

Fafnir

別名 ファーヴニルなど

伝承地域 北欧
生息地 グリタヘイド
出典 『ニーベルングの指環』など

強欲に支配されたドラゴン

元はドワーフ王の息子だったが、父の持つ黄金の宝に惹かれ、兄と共謀して父を殺害。さらに兄さえも裏切った彼は宝を手に逃亡、凶悪なドラゴンに成り果てた。人々を恐れさせた彼だが、やがて英雄ジグルドによって討伐。強欲なドラゴンと英雄による戦いは、オペラ「ニーベルングの指環」の中にも描かれその名を後世に知らしめることになった。

ニーベルングの指環

ドイツの作曲家、リヒャルト・ワーグナーがつくり出したオペラ。すべて上演するのに10数時間かかる大長編で、実際の公演は4日かけて行われる。第２幕で登場するのが英雄ジークフリート（ジグルド）。若き英雄ジークフリートがファフニールと激しく戦い、彼によって倒される様子が描かれている。

貪欲で強欲なドワーフ王の息子

世界各国で描かれるドラゴンだが、彼らはうまれながらにドラゴンだったり、神がドラゴンに変化したりするというパターンが多い。その中で、別の種族からドラゴンにうまれ変わった、という変わり種のドラゴンが存在する。それが北欧神話に登場するファフニールだ。

後に強欲なドラゴンとして語られるファフニールだが、彼はもともとドワーフ王フレイズマルの息子だった。彼は父の持つ「アンドヴァリの黄金」に心を奪われ、兄のレギンと共謀して父を殺害、宝を手に入れる。さらに宝を独り占めしたくなったファフニールは、共犯者の兄さえも裏切ってグリタヘイドへ逃走。そして宝を守る凶悪なドラゴンへと姿を変えてしまうのである。

持つ者に不幸が襲う呪いの指輪

ファフニールの持つ宝を狙って多くの英雄たちが立ち向かうも、誰も彼にはかなわなかった。しかしある時、ファフニールの前に現れたのが英雄ジグルドだ。レギンからアドバイスを受けたジグルドは、ファフニールの通り道に穴を掘り、身を潜ませた。そしてちょうど道の真上をファフニールが通った瞬間、下から腹に向かって剣を突き出してこの強欲なドラゴンを倒し、宝を手に入れることに成功したのだ。

なおファフニールが心を奪われ、父を殺すに至った黄金の宝とは、元を正せばドワーフのアンドヴァリが持つものだった。悪神ロキに誘拐されたアンドヴァリが身代金として差し出したものだが、彼がロキに宝を渡す際「持ち主が呪われる」という呪いの指輪を密かに潜ませていた。指輪はロキの元からドワーフ王のフレイズマルに移るも彼は息子に殺され、父から指輪を奪ったファフニールも英雄に倒される不幸に遭う。やがてファフニールを殺して指輪を手に入れた英雄ジグルドさえも、後に不幸に見舞われることになる。

この物語は後世、作曲家ワーグナーの手によってオペラ『ニーベルングの指環』の中に蘇る。オペラにおけるファフニールは足のないドラゴンとして登場し、この物語でも英雄のジークフリート（ジグルド）によって殺されるという運命をたどるのである。

19世紀に発行されたプリニウス『博物誌』のうち、バジリスクの挿絵

3章 妖精・亜人・獣人

超人的な種族「亜人」とは

様々な特徴をもった亜人たち

幻想生物には、半人半馬のケンタウロス［↓P132］や人面獅子スフィンクス［↓P136］、人魚マーマン［↓P124］など、人間を模した姿をとるものも多い。人に近い容姿でありながら人ならざるものを総称して「亜人」と呼ぶことがある。亜人たちは多種多様な容姿・能力・生態を備えており、ワーウルフ［↓P120］やセイレーン［↓P126］のように他の動物や鳥と合成された「獣人」「鳥人」、神話や伝説に登場する超自然的な存在「妖精」と、その特徴ごとに種族分けすることもできる。

一筋縄にはいかない妖精の見分け方

妖精というと、ディズニー映画『ピーターパン』のティンカー・ベルのように、羽が生えた可憐な小人の印象が強いだろう。こういった美しい妖精は王国を形成するとされ、月夜に宴会を楽しんだり輪になってダンスをしたりと温厚な性格で、人間と共存するという。一方、群れを離れて暮らす妖精もおり、多くが邪悪な性格をもち人間に仇なす存在とされる。首なし騎士デュラハン［↓P102］や、鍛冶屋の妖精レプラコーン［↓P100］がこれに該当する。

現代のファンタジー作品において、妖精のサイズは矮小傾向にあるが、人間と同等、またはそれよりも大きい背丈のものもいる。半神で魔法が使えるエルフ［↓P114］が良い例だ。エルフは北欧神話の妖精アールヴが起源とされる。アールヴは美しい容姿をもち神族に準ずるリョースアールヴ（白妖精）と、邪悪で醜いデックアールヴ（黒妖精）に分類できる。黒妖精は、手先は器用だが好色で陰険な小人族ドヴェルグと同一視されることもあり、このドヴェルグが、鍛冶や工芸などの技術に優れたケルト伝承の小人ドワーフ［↓P94］のルーツになったと考えられている。ドワーフと同一視されるゴブリン［↓P110］も妖精または小人の一種である。

妖精のイメージに影響を与えたイギリス文学

イングランドを中心としたイギリスの伝承において、妖精の存在は古くから大きな影響を与えており、創作における格好のモチーフとなった。

アーサー王伝説を題材にした叙事詩『妖精の女王』は、作中に登場する妖精の女王を、実在する当時の女王エリザベス1世とキャラクターを重ね合わせることで、イギリスを妖精の国として表現しようとした。喜劇『真夏の夜の夢』でシェイクスピアが描いた妖精像は、後世に大きな影響を与え、姿を消したり変身したりする能力をもつ、小さくて動作が早くいたずらで怒りっぽい、人間に恋をするなど、本作で描かれた性質は現代まで引き継がれている。

数々のファンタジー作品に多大な影響を与えたのが、20世紀のイギリス人作家ジョン・ロナルド・ロウレル・トールキンの傑作小説『ホビットの冒険』『指輪物語』だ。いたずらと子どもが好きで家事手伝いをする妖精ゴブリンを「オーク［↓P109］」と呼称し、邪悪で狡猾な種族として確立させるなど、現代のメディア作品に登場する妖精の特徴・種族は、トールキンのアイデアが由来

妖精の分類

名称	特徴
フェアリー	妖精の一般的な総称。可憐な印象はシェイクスピアの『真夏の夜の夢』から
エルフ	北欧由来の妖精。長命で老いることがないという
ゴブリン	人に害をなす小鬼。邪悪なイメージはトールキンが確立
ホフゴブリン	人に対して親切なゴブリン
フィーンド	ゴブリンの一種。悪霊と訳されることも
パック	もとは山や森に住む妖精。シェイクスピアによって変身能力をもつ設定が加えられる
ピクシー	イングランド南西部に伝わるいたずら好きな妖精
ブラウニー	家事を手伝ってくれる親切な妖精。いたずらが好きなものは「ボガード」と呼称
レプラコーン	金属を溜め込む靴屋の妖精。グリム童話『小人の靴屋』のモデル
ドワーフ	鍛冶技能をもつ妖精及び小人。北欧神話の小人ドヴェルグがルーツ
ホビット	陽気で保守的な性格をした小人。トールキンが自著にて創作

であることも多い。その最たる例が小人の一種である「ホビット族」の創出だ。ホビットは妖精と人間の中間的な存在で、穴の中で生活する。丸顔に茶色の巻き毛、大きな足をもち、陽気で保守的な性格をしているという。

このように、妖精のイメージは神話や古来の民間伝承だけではなく、イギリスをはじめとする数々の文学作品によって少しずつ築かれ、現代に踏襲されている。

裏を返せば、我々がもつ妖精像は、元をたどると『指輪物語』のような20世紀の児童文学であったり、あるいは日本の漫画やゲームのオリジナル設定であったりと、現代になってからつくられた部分がかなり存在すると考えた方がよいだろう。

フェアリー

Fairy

別名 フェなど

伝承地域 ヨーロッパ
生息地 妖精の国、森など
出典 『真夏の夜の夢』など

いたずら好きで気まぐれな精霊

羽を生やした美しい小人の姿でお馴染みのフェアリー。様々な伝承やおとぎ話に登場し、人間にちょっかいをかけては困った事態に陥らせる。ほとんどのフェアリーは人間に親切だが、いたずら好きな性格が災いして、利益よりも災難をもたらしてしまうことが多い。音楽とダンスが大好きで、祭りの夜には人間を妖精の国に招待してくれることも。

パルカ
ローマ神話の運命の三女神パルカが、フェアリーの起源といわれる。彼女たちが紡ぐ「運命の糸」によって、人間の運命が決まると考えられた。

善いお隣さん（Good neighbors）
イギリスなどの民間伝承で使われるフェアリーの呼び名。フェアリーの名前を直接呼ぶと、彼らにとっては侮辱に値するため、こう呼ばれた。

人間を振りまわすのが大好きな変幻自在の妖精

フェアリーは民間伝承やおとぎ話に登場する超自然的な存在で、人間とも神とも違う性格や行動をとる幻想生物だ。いたずら好きで気まぐれな性格が特徴。ヨーロッパ各地には古くからフェアリーにまつわる伝説が残り、特にイギリスの文学や民間伝承では大きな地位を占めてきた。「妖精」の英語訳としても最も一般的な言葉でもある。

フェアリーは人間と似た姿をしているが、みな美しく、背中から薄く繊細な羽を生やしている。姿を様々なものに変えたり、見えなくしたりする能力をもつ。いたずら好きな性格から、やっかいな事態を引き起こすことも多い。例えば不運な人を手助けしようとお金や馬車を〝贈る〟が、キノコやカボチャなどからつくり出したものなので、元の形に戻って役に立たないなどだ。

フェアリーが特に好むのが、音楽とダンス。夏至の前夜やハロウィンなどには、人間の音楽家やダンサーを彼らが暮らす王国に招待するという。〝ゲスト〟として呼ばれた人間は楽しい一夜を過ごすが、家に戻るとあたりは一変。妖精の国は人間の世界と時間の流れが異なるため、ゲストの帰りを迎えるのは、うまれた覚えのない自分のひ孫だったりするのだ。

可愛らしいフェアリーはシェイクスピアがうみ出した？

戯曲『ピーターパン』に登場するティンカーベルのように、今日ではフェアリーといえば、明るく善い存在を思い浮かべることが多いだろう。しかし、本来は人間に善も悪ももたらす二元的な性質を備えている。フェアリーの語源は、古くは「運命」や「宿命」などを意味するラテン語のファトゥム（Fatum）から で、ローマ神話の運命の三女神パルカを起源とする説もあるためだ。

実はフェアリーの明るい姿を決定づけたのは、劇作家シェイクスピアの諸作品だとされている。喜劇『真夏の夜の夢』では、妖精王オベロンに命じられ、森を訪れた男女に妖精パックが惚れ薬を塗り込む。ところが、彼の早とちりや勘違いから大混乱が引き起こされる。シェイクスピアは様々な妖精の伝承を取捨選択してフェアリーにチャーミングな姿形を与え、生き生きと描写することで、その後のフェアリーのイメージを決定づけたのだ。

Dwarf

ドワーフ

別名 ドワーフェなど

鍛冶や工芸の技術に優れた地下の住人

身の丈は小さいが、屈強な体に高度な鍛冶技能をもつ種族。その起源は北欧神話にまでさかのぼり、神々の武器をつくりあげた小人ドヴェルグに由来するという。長く伸ばした顎髭が特徴で、夜目がきくことから洞穴や地下に暮らし、鍛冶屋や鉱夫として働く。トールキンの小説『指輪物語』では、斧を振るうたくましい戦士としても描かれた。

『指輪物語』

イギリスの作家トールキンによる長編ファンタジー小説で、1954年から1956年にかけて刊行された。架空の国「中つ国」を舞台に、魔法の指輪をめぐって、小人族のフロドと仲間たちとの冒険と、種族を超えた友情を描く。大酒飲みで同族同士の絆が固い、小人だが屈強な戦士といった、よく知られているドワーフのイメージは、『指輪物語』シリーズによって確立されたといわれている。

伝承地域 ヨーロッパ
生息地 洞穴、地下など
出典 北欧神話など

魔力の高い武器をつくり出す、北欧神話に連なる種族

ドワーフは、1メートル程度の小さな背丈で、長い顎髭が特徴。いくつかの伝承によると、女性にも髭が生えているという。鍛冶や工芸に関して優れた技術をもつ独立した種族で、小説『指輪物語』では勇敢な戦士の一面が描かれ、一躍人気となった。様々な伝説に登場する彼らは単なる小人ではなく、その起源は北欧神話にまでさかのぼる。

北欧神話では、原初の大地、巨人ユミルの死骸からうじ虫が発生し、神々はそのうじ虫に人間よりも立派な知性を与えた。「ドヴェルグ（小人）」と呼ばれた彼らこそドワーフの起源だ。彼らはニザヴェリルという地下の国に棲み、鉱夫や金属細工師として働いた。かの有名な北欧神話の叙事詩『ニーベルンゲンの歌』に登場するドワーフたちは莫大な富をもち、投げれば必ず的を外さないという主神オーディンの槍「グングニル」や、投げれば必ず命中し、持ち主の手に戻ってくるという戦神トールの槌など、目もくらむような力と美を有する武器や装飾品をつくり出した。

勇敢な戦士から白雪姫の小人まで多種多様な姿

北欧諸国にキリスト教が伝来すると、神々とともにドワーフも民話や伝承の世界に退いてしまった。ドイツのある地方では、地下の鉱道で働くドワーフを「コーボルト」と呼んだ。彼らは鉱脈に詳しく、坑道の屋根が落ちる時には警告してくれることもあるが、基本的に意地悪な性格で、坑道でうまくいかないことがあると彼らのせいにしていた。

また、ドワーフの一種とされたのが、イングランドに伝わる「スプリガン」だ。スプリガンは普段は小柄な姿だが、体の大きさを自由に変えることができ、人間を脅かす時には巨人になるという。一説では、地震や天気の乱れ、子どもの失踪はスプリガンのしわざだとされている。

一方、穏やかなドワーフとして登場するのが童話『白雪姫』で、継母に追い出された白雪姫の窮地を救う7人の小人。このように北欧神話のうじ虫に始まるドワーフの物語は、様々なメディアを通じて再形成され、今日も生き続けているのだ。

ピクシー

Pixie

別名 ピスギー、パクシーなど

伝承地域 イギリス
生息地 洞穴、森など
出典 イギリスの民間伝承など

可愛くない方の妖精!? いたずら好きの困り者

ピクシーは、イングランド南西部にみられる妖精の一種。語源は、妖精を意味する「パック（Puck）」（アイルランドでは「プーカ」）からで、愛称語尾「sy」がついてパクシーとなった。赤い髪に尖った耳が特徴。たいていは緑の服を着ていて、先の尖った帽子をかぶった姿で描かれることが多い。同じく妖精の一種であるフェアリー〔→P90〕が美しい姿をもつのに対し、ピクシーは青白い顔や上に沿った鼻をしていて醜く、老人姿の者もいる。彼らは群れで行動し、家に棲みつくタイプの妖精だ。ボウル一杯のクリームをご馳走すると、家事を手伝ってくれることもある。

しかし、性格は基本的にいたずら好き。家族の誰かが怠けていると、その怠け者をつねったり、追いかけまわしたり、しまいにはポルターガイスト現象を起こすことも。他にも、夜道を行く旅人を迷わせ、へとへとに疲れさせる「ピクシーの惑わし」と呼ばれる行為が大好きだ。

また、ピクシーは一晩中ぐるぐると輪を描いて馬を乗りまわし、馬を疲れ果てさせると、翌朝、馬のたてがみとしっぽを不思議な形に編んで持ち主に返す習性がある。「ガリトラップ」という輪は、その奇行の痕跡である。

さらに、ピクシーは洗礼を受ける前に死んでしまった子どもの霊魂が変化したものだとも考えられていた。人間の赤ちゃんを盗んだり、人間の子どもと妖精の子どもをひそかに取り換えるという行為は、ピクシーのしわざだとされていた。そのため、イギリスでは19世紀頃まで子どもをピクシーにさらわれないよう、赤ちゃんをベビーベッドに縛りつける風習が残っていたという。

現在では、ゲーム『女神転生』シリーズなどでお馴染みのキャラクターとなり、愛らしいデザインやスキルの優秀さで、根強い人気を誇っている。

レプラコーン

Leprechaun

別名 レプラホーンなど

伝承地域 アイルランド
生息地 森など
出典 アイルランド民話など

妖精の靴屋を捕まえたら一攫千金のチャンス？

アイルランドの民間伝承に伝わるレプラコーンは、妖精の靴屋だ。グリム童話『小人の靴屋』に登場し、靴屋の主人を助けてくれる妖精はこのレプラコーンをモデルにしているという。また、様々な呼び名があるが、アイルランドの古語で「小人」を意味する「ルホルパン」が由来だといわれている。

レプラコーンはしわだらけの顔に無精髭を生やし、小さな老人のような姿をしている。先のとがった帽子をかぶり、大抵は革のエプロンをして、ひとりでひっそりとした場所で、妖精たちが踊りですり減らした靴を直している。小槌でコツコツとせわしなく叩く音が聞こえたら、レプラコーンが近くにいる証拠だとされた。

レプラコーンは靴修理の代価として得た金を壺にため込み、地下に財宝を隠しもっているという。彼をうまく捕まえることができれば、地中の黄金のありかを教えてくれるというが、いたずら好きな性格なので要注意だ。ある男がレプラコーンを捕まえ、なんとか宝の隠し場所を聞き出すことに成功。その時男はシャベルをもっていなかったので、自分の赤い靴下留めを目印として木につけて、シャベルを探しに行った。戻ってきた男は目の前の光景を見て驚愕。野原に生えているすべての木に、赤い靴下留めがつけられていたのだ。その姿を見たレプラコーンは、笑いながら姿を消したという話が伝わっている。

現在、アイルランドには「レプラコーンの聖地《サンクチュアリ》」がある。アイルランドの東海岸沿いに、カーリングフォードという小さな町があり、この町を起点・終点とした環状のハイキングコースと、近くのスリーヴ・フォイ山がそれにあたる。「妖精の国」と呼ばれるアイルランドには、ほかにも猫の王様ケット・シーや、男性を虜にして精気を吸う妖精の恋人リャナンシーなど、ユニークな妖精・精霊の伝承が語り継がれている。

デュラハン

Dullahan

伝承地域 アイルランド
生息地 不明
出典『アイルランド農民の妖精物語と民話集』など

死を予告する首なし男

アイルランドに伝わる、死を告げる妖精。首がないか、もしくは自分の首を抱えた姿で現れる。ある時は首のない馬に引かれた漆黒の馬車を走らせ、これから死人が出る家の戸口を訪れては死をもたらすという。アメリカの作家ワシントン・アーヴィングは、デュラハンの伝説をモデルのひとつとして、短編『スリーピー・ホロウの伝説』を書きあげた。

コシュタ・バワー
デュラハンが走らせる漆黒の馬車を引く馬。首がない。コシュタ・バワーは水の上を渡ることができないので、デュラハンの姿を見ても川を渡れば逃げられるといわれる。

バンシー
人の死を泣き声で予告する、アイルランドの妖精。アイルランドの通夜で農民の女性が行う弔い泣き「キーン」は、その声の模倣だという。

死をもたらす首のない妖精

デュラハンはアイルランドに伝わる、死を予告する妖精だ。首のない姿をしており、時には自分の首を抱えて現れるという。

コシュタ・バワーという首なしの馬に引かせた漆黒の馬車を走らせると、とある家の前で止まる。不審な音に気づいて家人が戸を開けると、なんと、デュラハンは、たらいいっぱいの血を家人の顔に浴びせる。そしてその家からは、近いうちに死人が出るという。この伝承から、首なしの漆黒の馬車が家の前に止まることは、その家から死人が出る前兆とされた。

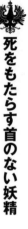

死の象徴のような恐ろしい存在だが、自分の姿を見られることを極端に嫌う。姿を見た者は、たとえ死の予告と無関係であろうと、デュラハンのもつ鞭で目を潰されるという。

また、アイルランドには同じく死を予告する妖精として、「バンシー」がいる。バンシーは死の前触れで、すすり泣いて取り乱す彼女の姿が現れると近く死者が出るという。一説ではデュラハンは女性だといわれるが、これはバンシーと混同されるようになったからとも考えられる。ただし、デュラハンはバンシーとは異なり、人の魂を刈り取る死神のような役割もあるようだ。

「首なし騎士」デュラハンは都市伝説だった?

現在では、ゲームなどで不死の「首なし騎士」として登場することも多い。だがこれは、19世紀のアメリカの作家ワシントン・アーヴィングによる短編『スリーピー・ホロウの伝説』によるところが大きいと考えられる。アーヴィングは北ヨーロッパへの旅行中、スリーピー・ホロウの伝説に類似した首なし男の伝説について取材し、この作品を書きあげた。

スリーピー・ホロウとは、ニューヨーク近郊で語り継がれてきた都市伝説だ。開拓時代、アメリカに渡ってきた残虐なドイツ人騎士がいた。彼は殺されて首を斬り落とされたが、やがて「首なし騎士」として復活。眼が光る馬に乗って森を駆け、犠牲となる人間を待っている、というものである。映画化もされたこの伝説は、首を求めて獲物を追いまわす「首なし騎士」を広く知らしめ、今日のデュラハンのイメージを形づくることになったのではないだろうか。

Troll
トロール

別名　トロルド、トロルなど

伝承地域　北欧
生息地　丘の地下、海など
出典　北欧の民間伝承など

毛むくじゃらの悪意の巨人

トロールは北欧に伝わる怪物で、スカンジナビアの民話に登場する、最もよく知られた存在だ。巨大で毛むくじゃらな姿をしており、性悪で粗暴な性格。しかし、同じ北欧でも国や地域によって小さい姿で表されるなど、様々な外見や性質のトロールが伝えられている。

例えばデンマークのエブレトフトに伝わるトロールは、大きなかぎ鼻と背中のこぶが特徴。灰色の上着と先のとがった赤い帽子を身につけている。一方、ノルウェーのトロールは醜く毛深い姿。だが女性のトロールは長い赤毛で美しい姿をしているといわれている。さらにアイスランドでは、ひとつ目の邪悪な巨人として伝えられている。

トロールは地下に財宝をため込んでおり、気に入った人間には富を授けることもある。しかし、トロールに出会ったらすぐに回避行動をとった方がいいだろう。というのも、彼らが人間に望むことはろくなことがないからだ。女性や子ども、財産を奪い、時には食人を行うことも。トロールにさらわれないようにするため、人間も動物もヤドリギの枝を身につけたという。

トロールが苦手なものは、音や騒音だ。特に教会の鐘の音はトロールを追い払うと信じられてきた。また、日光に当たると石に変わってしまうので、夕暮れから明け方までの間にしか姿を見せない。ノルウェーやアイスランドには、石になったトロールの顔だと伝えられる岩が数多く残っている。

小説『指輪物語』では、こうした伝説からうみ出されたトロールが登場し、非常に強いが知性はほとんどない食人種として描かれる。ちなみに現在、愛らしい姿で人気のムーミンの正式名称は「ムーミントロール」。しかしムーミンは明るいお日さまを好むので、伝統的なトロールとはまったく異なる。これは作者トーベ・ヤンソンがつくり出したオリジナルの生き物とされている。

オーガ

Ogre

別名 オグル、オーグルなど

伝承地域 ヨーロッパ
生息地 山奥など
出典 民間伝承など

『長靴をはいた猫』にも登場する人喰い鬼

オーガはヨーロッパの民間伝承に登場する、人間を食べるという怪物だ。オグル、オーグルとも呼ばれ、女性はオーグリスと呼ばれる。筋肉隆々の怪力を誇るが知能は低いため、人間に騙されて失敗してしまうことも。また、未知のものに対しては臆病だという。スカンジナビア地方ではトロール［→P106］と関連づけられ、莫大な財宝を蓄えた山奥の城に暮らすといわれている。

もともと、人喰いの怪物として明確な名前はなかったが、17世紀のフランスの作家シャルル・ペローによる小説『長靴をはいた猫』で、初めて「オーガ（オグル）」という名が与えられたとされている。

オーク
Orc

伝承地域 ヨーロッパ
生息地 地下など
出典 『指輪物語』など

悪の軍団の知性なき兵士

トールキンの小説に登場する凶暴なモンスター。初期作品『ホビットの冒険』では邪悪なゴブリン【→P110】として登場したが、その後『指輪物語』以降はオークの名で登場。人肉を喰らう卑屈な地下の住人で、邪悪な勢力によって兵士として消耗品扱いされる存在だ。知性のない、純然たる悪者として描かれる。本来、オークとは16世紀のイタリアの詩人が描いた海の怪物の名前で、鯨の名称としても用いられる。トールキンのオークが海と無関係なのは、イギリスの叙事詩『ベオウルフ』に出てくる「地獄のような」という意味の古英語「orc」から創造したためだという。

ゴブリン

Goblin

別名 ゴブランなど

伝承地域 ヨーロッパ
生息地 森、洞窟など
出典 民間伝承など

狡猾な悪意に満ちた小鬼

メディア作品では下っ端の敵役としてお馴染みのモンスター。人間の膝くらいの大きさで、醜悪な姿をしている。悪さをすることばかり考えており、その狡猾さから、一般に邪悪な存在として描かれることが多い。しかし、もとはいたずら好きの妖精に近い存在と考えられ、邪悪な面が強調されるようになったのは19世紀頃からだとされている。

レッドキャップ

イギリス北部の民話に登場する死を招くゴブリン。人里離れたところで暮らし、ひとり旅の旅人を見つけると、鉄のブーツで情け容赦なく追いつめて餌食にする。この残虐なゴブリンの見分け方は、多くの犠牲者の血で汚れているかぶりものをしているか否か。唯一の対抗手段は、聖書を引用して唱えることだ。とりわけ凶悪なロビン・レッドキャップという個体は、悪事を起こした場所にいまだに出没するという。

もとは愛嬌もある妖精だった!?

「早く寝ないと悪いゴブリンが来るぞ」「言うことをきかないとゴブリンが連れ去りに来るぞ」――これは現在でもヨーロッパに残る、子どもを言い聞かせるための言いまわしだ。近年ではファンタジー作品などですっかり憎まれ役となったゴブリンだが、もとをたどれば、いたずら好きな家事の妖精の一種だとされている。

ゴブリンの由来は諸説あり、ギリシャ語の「コバロス」に由来するという説や、中世フランス語の「ゴブラーン」からきているという説がある。彼らは人間の膝くらいの大きさで、灰色の髪をした姿だ。家に取りつくことがあり、食べ物やぶどう酒がたくさんあって、子どもたちがいる家を好む。行儀よくしている子どもにはプレゼントを贈ることもあるが、家内を荒らしまわって悪さをすることがほとんど。ゴブリンを追い払う方法に、床一面に亜麻の種をばらまくというものがある。するとその夜、悪さをしに訪れたゴブリンは種を全部拾おうとするが、夜明けまでに拾いきれない。幾晩かこれを繰り返すと、あきらめて去っていくのだという。

いたずら者から邪悪な存在へ

一方、野外に棲むゴブリンは森や人気のない場所をさまよい、木の根の下や岩の裂け目で眠る。彼らが楽しみしていることは、人間に姿を見られないようにそっと近づき、いたずらを仕掛けることだ。特に夜、ひとりぼっちの旅人がいると、ろうそくやランタンなどの光を掲げて旅人を誘導。旅人が明かりに誘われて畑や林を抜けると、急流のそばや断崖絶壁にいることに気づき、暗闇から不吉な笑い声が聞こえるという。

こうした人を死に至らしめる悪意から、19世紀の諸作品に描かれるゴブリンは、超自然のいたずら者から邪悪な存在へと変わっていった。現在に受け継がれるゴブリンのイメージは、このヴィクトリア朝時代のものを踏襲しているといえるだろう。ゴブリンはドワーフ［↓P94］やノーム［↓P153］、コーボルトとも同一視されるが、いたずらの結果、人に死をもたらすという悪意の大きさが、ゴブリンをより邪悪な存在として際立たせたのかもしれない。

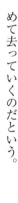

Elf エルフ

別名 アールヴ、イルフなど

高潔で人間嫌い？ 美しい長命族

エルフは北欧神話にまで起源をさかのぼる妖精の一種。自然と豊かさを司る半神族的な存在で、長命だが衰えることのない、美しい容姿をもつ。人間に対して超自然的な力を使って助けることもあるが、大抵は人間が嫌いなので悪意をぶつけることが多い。小説『指輪物語』で一躍有名となり、様々なファンタジー作品に登場するようになった。

伝承地域 ヨーロッパ
生息地 エルフの王国、森など
出典 北欧神話など

エルフの耳

エルフといえば先の尖った長い耳をもつ姿を思い浮かべるが、本来はそうでなかったという。そのきっかけは諸説あるが、特に著名なのがトールキンの『指輪物語』に登場するエルフ。原作小説内に耳に対する言及はないが、トールキンの手紙に「エルフのように尖った耳」との記述があり、これを受けたイラストレーターがエルフの耳を尖らせて描いたのだ。ほかにも小説『ロードス島戦記』のディードリットのイメージが決定打となり、海外にまで広く影響を与えたともいわれている。

北欧神話を起源とする、光の国の美しい種族

多くのファンタジー作品に登場し、若く美しい姿と神秘的な雰囲気で人気のエルフ。フェアリー［→P90］やピクシー［→P98］と同じく妖精の一種とされるが、その起源は北欧神話にまでさかのぼる。

アイスランドに伝わる叙事詩『散文エッダ』によると、神々が住むアースガルズの一角にあるアールヴヘイムというところに「光のエルフ（ライトエルフ）」と呼ばれる人々が棲んでいるという。彼らは太陽よりも美しい姿で、豊穣神フレイの保護のもと、神の世界と人間の世界との仲介者の役割を果たしていた。その一方で、地下には「闇のエルフ（ダークエルフ）」と呼ばれる人々が棲んでいた。彼らは醜い姿をしているともいわれ、ドワーフ［→P94］と同義とも考えられている。

エルフは非常に長命だが年をとらず、いつまでも若い姿のままだ。魔法と予見の術に優れていて、人間のもとを訪れる時には、人間の運命を決定づける神ノルンとして働くこともあるという。

フェアリーよりも人間嫌いなエルフ

ところが、キリスト教が広まり、北欧の神々が異教となると、エルフも民話や民間伝承の中に退いた。北欧神話では人間と同じ大きさだとされていた体のサイズも小さな体へと縮小していき、フェアリーやピクシーなどの小妖精と混同されるようになってしまったようだ。それでもスカンジナビア地方では、混同されることなく、エルフは森などに棲む「美しい森の乙女」で、夜や霧の深い朝に踊っている、と伝えられた。

ほかの妖精と同列にされていたエルフを一躍有名にしたのが、トールキンの小説『指輪物語』。賢く公正で、人間のように時間に追い立てられない超越的な美しい姿は、のちのエルフのイメージを決定づけた。

また、エルフは自分たちを害する人間に対して、恐ろしい復讐を行い、危害を及ぼすという。例えば、突然の激痛や家畜の予期せぬ病気は「エルフの矢傷」といわれた。さらに、エルフの武器は目に見えないため、石器時代の矢じりが発掘されると、当初はエルフの武器だと考えられたようだ。

Lizardman
リザードマン

伝承地域 なし
生息地 地上、水辺など
出典 不明

ファンタジー世界に欠かせない爬虫類型のモンスター

直訳すると「トカゲ男」である。ごく近年にうまれた空想上の生物で、爬虫類型の亜人の一種である。具体的な出自や由来はわかっていないものの、ロールプレイングゲームや少年漫画における冒険譚にはお決まりのモンスターだ。特に亜人が棲まう世界には、リザードマンのような爬虫類の種族が存在することが多い。背丈は人間と同じかそれ以上で、2足歩行、人語を解し、力が強いという点でほぼ共通している。

敵としてのリザードマンは、概ね縄張り意識が強くて好戦的。知能は特別悪くはないが、やや慎重さに欠ける面があり、損な役まわりをもたされることも多い。数多くの亜人が登場するゲーム『ファイナルファンタジーXII』では、バンガ族という爬虫類を始祖とする種族が活動。その一部が賞金稼ぎとして主人公たちをつけ狙っており、粗暴で執念深いキャラクターとなっている。一方、人間に好意的なリザードマンといえば漫画『ドラゴンクエスト　ダイの大冒険』のクロコダインがそうだろう。敵側だが卑怯な手を好まない誇り高い武人で、のちに人間同士の強い絆に心打たれて主人公たちと共闘することになる。

リザードマンがモンスターとして描かれる場合、一般的に体の大きなタイプは鈍重で、鎧や大剣を装備しており、小～中型クラスのリザードマンはトカゲらしく素早い攻撃と、ジャンプ力に長ける。ワニ型のリザードマンは水棲生物の特性からか水辺に潜み、突如冒険者たちに襲いかかるパターンが目立つ。そしてその多くが槍や銛を手にしている。漁師やマーマン［→P124］、あるいは、三叉槍をもつ海神ポセイドンのイメージを踏襲しているのかもしれない。

どのリザードマンも攻撃力が高く、肉弾戦向きで魔法は不得手というのが定石だが、その代わり炎や毒を吐くといった特殊能力をもつタイプもいる。爬虫類の様々な特徴を掛け合わせれば、広がりが楽しめるキャラクターだ。

Werewolf

ワーウルフ

別名　ウェアウルフ、狼男、人狼、狼人間など

伝承地域　ヨーロッパ
生息地　町など
出典　ヨーロッパの民間伝承、『博物誌』など

昼は人間、夜は狼の変身生物

「狼男」として知られる怪物。通常は人として生活するが、満月の夜になると正体を現し、人間を喰って暴れまわる。ごく一部の方法でしか倒せず、ワーウルフに噛まれると噛まれた人間もワーウルフとなってしまう。狼が人に憑依する「狼憑き」もワーウルフの一種とされ、彼らは中世ヨーロッパで魔女狩り同様、迫害の対象にされた。

ベルセルク

北欧神話に登場する軍神オーディンの加護を受けた戦士たちのこと。英語ではバーサーカー、日本語では狂戦士と呼ぶ。戦闘になると狼や熊といった野獣が憑依し、並外れた力をもつが、理性を失った状態となるため味方も襲われる危険性もあった。戦いが終わると茫然自失となる。

ヘルハウンド

ブラックドッグとも。死をもたらす魔女ヘカテーが従える眷属で、犬や狼のような黒い体に赤い目をもち、死刑執行の役割を果たすという。

満月の日に現れる、身近な脅威

ワーウルフは古英語の「wer（人間）」と「wolf（狼）」、すなわち狼男のことである。普段は人間として暮らしているが、夜、特に満月の日に狼に変身し、人間や死体を喰らうという。変身後の姿は狼そのものである場合や、全身に毛が生えて半人半獣の姿となる場合がある。

狼はヨーロッパでごく身近な存在だったため、狼男にまつわる伝承は各国で見られる。そのルーツとなるのが、ギリシャ神話に登場するアルカディアの王リュカオンの物語だ。リュカオンはゼウスに気に入られるために自分の息子を生贄に捧げたが、かえってゼウスの怒りに触れ、狼に変えられたという。

人間がワーウルフとなるきっかけはさまざまだ。狼に変身できる種族がいるというほか、金曜日に満月の下で眠った者、新月に受胎した者、毛深い者、私生児としてうまれた者、7番目にうまれた者などがワーウルフになりやすいとされた。一方、魔女の軟膏など魔術的なアイテムで自らワーウルフになることもできた。また、ワーウルフに噛まれると相手もワーウルフになるという特徴から、ヴァンパイア〔↓P174〕と同一視されることもあるようだ。

無実の人びとが殺された「狼憑き」の実態

凶悪なワーウルフに対抗する術は限られる。不意に襲われてしまった場合、十字架のしるしを見せれば退けることはできるが、ワーウルフを完全に殺すには教会で祝福を受けた聖なる武器を使う必要があった。特に銀製の武器が有効だとされ、時代が進むと銀の弾丸で銃殺するパターンが増えた。ただしこれは20世紀のホラー映画による影響が色濃い。

さて、狼に〝変身〟するのがワーウルフとすれば、狼に〝憑依される〟パターンもある。これは「狼憑き」と呼ばれるもので、魔女狩りが横行した時代には「狼憑き」とされ多くの罪なき人々が、拷問を受けて殺された。狼のいない国でも熊やワニ、猫などさまざまな獣が猛威を振るっており、日本でも「狐憑き」がよく知られている。現代で「○○憑き」は精神疾患のひとつとされ、自分を獣と思い込み、幻聴や幻覚を催すことを獣化妄想、別名「リカントロピー（lycanthropy）」などという。前述のリュカオン王がその由来だ。

マーマン

Merman

伝承地域 バビロニア、ヨーロッパ
生息地 海、浜辺など
出典 ギリシャ・ローマ神話、『バビロニア史』など

人間に知恵を授けた男性半魚人

人魚といえば女性のマーメイドだが、マーマンはその男性バージョンだ。緑色の髪と髭をたくわえており、顔はマーメイドよりも劣るといわれる。基本的に人間を襲うことはないが、愛する妻のマーメイドが人間によっていじめられているのを見ると、怒り狂って嵐を起こすことがあるという。特にイギリスで伝えられるマーマンは、マーメイドにも乱暴を働き、時には自分の子を喰うほど荒々しい性格とされている。対照的に北欧のマーマン（ハヴマンド）は、柔和で慈悲深いと伝わっている。

マーマンの起源はシュメール神話の魚人間アプガル、スコットランドのミン

チ海峡に棲む青亡霊（ブルーマン）などともいわれるが、一番関連が深いのは7千年ほど前にバビロニアで崇められていたエアという男性人魚と考えられる。バビロニアの著述家ベロッソスによれば、エアは昼間だけ浜辺にあがり、人間に芸術や科学、農業、数学などを教え、バビロニアの発展に寄与したという。エアはのちにギリシャ・ローマ神話でオアンネスと呼ばれ、ギリシャ神話の海神ポセイドン、ローマ神話の海神ネプトゥーヌスと同一視された。ポセイドンもネプトゥーヌスも魚の体はもたないが、彼らの息子トリトンはマーマンとして描かれている。トリトンは一柱とも複数いるともされ、手にしたほら貝で嵐を巻き起こしたり、消したりした。古典芸術では複数のトリトンがほら貝を吹くモチーフが多く見られるが、現代ではディズニー映画『リトル・マーメイド』のトリトン王がポセイドンのイメージとも重なり、印象深い。

魚人間はヨーロッパだけでなく、中国や日本などのアジアでも伝承がある。滋賀県の観音正寺は日本唯一の「人魚寺」として知られており、殺生を生業としていたために人魚に変えられた、という元漁師の願いを聞き入れた聖徳太子が、自ら千手観音を彫り、寺院を建立したという縁起が伝わっている。

セイレーン

Siren

別名 セイレン、シレンなど

伝承地域 ヨーロッパ
生息地 海など
出典 ギリシャ神話、『オデュッセイア』など

甘美な歌声で船乗りを惑わす

上半身は女性、下半身は鳥（または魚）の魔物。数は2～5人ともいわれ、海神の娘、または人間のうまれとする伝承もある。彼女たちはイタリアのカプリ島付近の海に棲み、岩場の上から海を通る船に向かって、蜜のような甘い歌声で誘惑する。そうしてセイレーンに骨抜きにされた船員たちは海へ身を差し出し、彼女たちの餌となった。

ハルピュイア

ハーピーとも。鳥の胴体と翼、女の顔をもち、暴風や嵐を巻き起こす。セイレーンも登場する叙事詩『アルゴナウティカ』では、預言者ピネウスを罰する怪物として現れ、彼の目をつぶしたうえ、食事を奪って飢えさせた。

人魚（マーメイド）

上半身は女性、下半身は魚の海の住人。セイレーンと同じく人間に危害を与える人魚もいるが、中にはフランスのメリュジーヌのように人間と恋に落ち、運命に翻弄される人魚もいる。

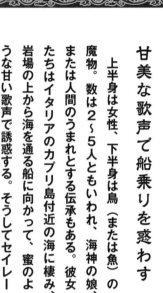

様々なアートのモチーフとなったセイレーン伝説

その歌声を聞いた船乗りたちは、皆心を奪われ、聞き惚れる。そうして放心状態となった彼らを、海の魔女たちはゆっくりと海へと引きずり下ろし、馳走に預かる――そんな恐ろしくも魅惑的な伝説をもつセイレーンは、芸術家たちのイマジネーションをかき立てる格好の題材として、今も存在感を示している。

造形は基本的に乙女と鳥が混ざったもので、足に水かきがあったり、羽のある尾をもっていたりする。出自も諸説あり、海の神ポルキュスまたは川の神アケロネスの娘という説のほか、人間として女神ペルセポネに仕え、ハデスに捕らわれた彼女を救うために翼を生やしたという話も残る。現在では端正な容姿が主流だが、中世ヨーロッパでは醜悪な怪物として墓標のレリーフにもなった。13世紀頃からマーメイドと混同され、半魚姿のセイレーンも登場。中には二股に分かれた魚の体をもつ者もいた。似たような図像が古代アジア芸術に見られるため、二股の姿はアジアが起源ともいわれている。有名カフェチェーン「スターバックス・コーヒー」のロゴマークのセイレーンも、二股の尾をもつ。

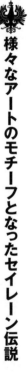

魅惑の歌声に対抗する物語の英雄たち

セイレーンの何よりの特徴は、その美しい歌声だ。彼女たちは、生と死の間ともいわれる絶海の孤島の岩場の上で人間を待ち構え、甘美な歌で誘惑する。こうした性質から、セイレーンは特にキリスト教徒から忌み嫌われた。ちなみに警報を意味する英語「siren（サイレン）」は、セイレーンが語源である。

叙事詩『オデュッセイア』の主人公オデュッセウスも、セイレーンの魔力に苦しめられたひとりだ。オデュッセウスは魔女キルケーの助言を受けて、部下たちの耳を蝋で塞ぎ、自身は船の帆柱に体をくくりつけた。自分の耳を塞がなかったのは、歌声を聞いてみたいという欲求からである。船がセイレーンのいる海に近づくと、オデュッセウスは彼女たちの歌声に魅了されて悶えるが、部下たちが必死に縄を縛ったため、無事危機を脱することができた。

ギリシャ神話『アルゴナウティカ』では、英雄イアソンが乗る船がセイレーンに襲われた際も、同船させた音楽家オルペウスの演奏がセイレーンの歌声をかき消した。船の通行を許したセイレーンは、海に身を投げて自死した。

Scylla
スキュラ

伝承地域 ヨーロッパ
生息地 洞窟など
出典 『オデュッセイア』『変身物語』など

船乗りが恐れる悲劇の怪物

イタリア本土とシチリア島を隔てるメッシナ海峡に棲む、半人半獣の怪物。上半身は若い娘だが、頭は6つで3列の歯があり、胴体は犬、12本の足をもっている。そんな恐ろしい風体のスキュラだが、もとは美しい海のニンフ「↓P156」であった。その美しさに魅了された海神ポセイドンは彼女の虜となり、耽るほど夢中になった。その事にポセイドンの妻アムピトリテは、激しい嫉妬と恨みを抱き、スキュラがいつも沐浴する泉に毒を流し込んだ。毒を浴びて怪物に成り果てたスキュラは嘆き悲しみ、メッシナ海峡の洞窟に身を潜めると、海峡にやってくる船を襲い、船員を次々に喰らうようになった。

Naga

ナーガ

別名 ナーギニーなど

伝承地域 インド、アジア
生息地 水中など
出典『マハーバーラタ』など

天候を支配し、ガルダと戦う蛇の神

7つの頭をもつ蛇（コブラ）の化身。その姿形は地域によってさまざまで、ドラゴンの姿、あるいは上半身は蛇で下半身が人間という描写もある。女性のナーガ（ナーガの妻）はナーギニーと呼ばれ、非常に美しい姿をしているという。ヒンドゥー教においては、ナーガは財宝を守る守護者、または天候を操り、雨を降らせる神として崇拝されている。また、巨鳥ガルダはナーガ最大のライバルで、ガルダはナーガに捕らわれた母親を救うため、あるいは大地の水を解き放つためにナーガと戦うという物語が知られている。仏教においては、ナーガの王ムチャリンダが、ブッダの守護者として活躍している。

Centaur
ケンタウロス

別名 ケンタウルスなど

伝承地域 ヨーロッパ
生息地 山、森など
出典 ギリシャ神話など

一族のほとんどが女好きだが、賢者として活躍した者も

半人半馬の混成生物。ケンタウロス一族は気性が荒く好色で、たびたび騒動を起こした。最も有名な逸話は、ラピタイ族の王ペイリトオスの結婚式での顛末だ。祝宴の中、泥酔したケンタウロスたちは、花嫁をはじめ女性客をさらったのである。結果、怒ったラピタイ族により棲み家を追われ、最終的に英雄ヘラクレスに全滅させられた。こうした粗暴な面が際立つ一方、聡明で穏やかなケンタウロスも存在した。中でもケイロンは芸術と医術に優れており、神々の教師として活躍した。のちにヘラクレスの誤射によって生死の境をさまようも、ゼウスにより救われ、天にのぼり「サジタリウス（射手座）」となった。

Minotaur
ミノタウロス

別名 ミノタウルス、アステリオスなど

伝承地域 ヨーロッパ
生息地 クレタ島の迷宮
出典 ギリシャ神話、『変身物語』など

迷宮に幽閉された、雄牛頭の怪物

クレタの王ミノスは雄牛を信仰していた。ある日、海神ポセイドンへ神の贄となる雄牛を送るよう祈ると、ポセイドンはとびきり見事な雄牛を送った。その雄牛があまりに美しかったため、ミノスは別の牛を生贄にしてしまった。これに怒ったポセイドンは、ミノスの妻パシパエが雄牛に欲情するよう呪いをかけ、パシパエは雄牛と交わり、胴は人間で頭が雄牛の怪物をうんだ。これがミノタウロス（本名アステリオス）である。ミノスはこの怪物を迷宮《ラビリンス》に封印すると、属国アテネから、7人の少年少女を毎年生贄として捧げていた。しかしこれに憤ったアテネの王子テセウスは、迷宮に乗り込みミノタウロスを退治した。

サテュロス

Satyr

伝承地域 ヨーロッパ
生息地 森、林など
出典 ギリシャ・ローマ神話、『博物誌』、『北方民族文化誌』など

抑えきれぬ欲情をさらす、半人半山羊の魔物

古代ギリシャ神話において酒色を好む精霊、または悪魔。古代ギリシャでは人間の男性として描かれたが、紀元前4世紀頃から上半身は人間、下半身は山羊の半人半獣となった。一般的なイメージとして人間の頭に山羊の角と尖った耳があり、肌は毛で覆われた雄々しい姿となっている。一説には鼻がなく、胸には呼吸する大きな穴が空いているなど、時代が進むにつれさまざまな解釈がなされた。ローマのあらゆる事象を書き留めた事典『博物誌』を著したプリニウスによると、サテュロスは非常に俊敏で4足歩行、時に2足歩行をし、捕獲も可能だが、捕まえられるのは老体か病のものだけだという。

サテュロスはローマ神話における田園の神ファウヌスとその従者フォーン、牧人と家畜の神パン、酒の神ディオニュソス（バッカス）にも関連づけられた。それゆえ古代では、豊穣の象徴として信奉された。しかしありのままの自然の姿、欲求の権化でもある彼らは、非常に奔放で落ち着きがない。特筆すべきは底なしの酒量と、無尽蔵の性欲だ。酔って乱れてはニンフ［→P156］たちを追いかけまわし、多幸感を覚えることが彼らの無上の喜びであった。前述の『博物誌』によれば、サテュロスの名は男根を意味するギリシャ語が由来だとあり、挿絵には男根を屹立させたサテュロスが描かれている。こうしたことからサテュロスはキリスト教では悪魔、特に就寝中の女性を犯すインキュバス（夢魔）に位置づけられた。キリスト教圏に伝えられた民話には、クリスマスの時期に現れるカリカンツァリというゴブリン［→P110］が登場し、その容姿はサテュロスと重なるものがある。

強烈なインパクトを残すこの混成生物は、古代から現代にいたるまで、多くの芸術家、劇作家の創作意欲を刺激した。作品のほとんどは野性的でエロティックだが、中には美しく柔和な姿のサテュロス像も存在している。

Sphinx

スフィンクス

別名 スピンクスなど

国を超えて畏れられる人面獅子

人間の頭とライオンの体躯をもつ混成生物。一般的にエジプトのピラミッドの守護神として知られるが、主にエジプト版、メソポタミア版、ギリシャ版の3タイプに分けられ、いずれも姿や性質が異なる。ギリシャ・ローマ神話のスフィンクスは、道行く旅人に難解な「謎かけ」を出し、答えに窮した者を喰らうという残忍な一面をもっている。

伝承地域 ヨーロッパ、エジプト
生息地 ピキオテン山など
出典 ギリシャ・ローマ神話、『博物誌』など

『オイディプス王』

ギリシャ神話の英雄オイディプスを主人公とする悲劇の戯曲。「我が子(自分)は父を殺し、母を娶る」という神託を知ったオイディプスは放浪の旅に出て、その道中で実の父とは知らず言い合いになった人物を殺害。その後スフィンクスを退治し、テーベの王となり実の母を知らずのうちに妻とした。のちに全てが神託通りとなった事を知ったオイディプスは自身の目をつぶし、盲人となり、国を去った。

力強いファラオの象徴から、人を害する邪悪な存在へ

スフィンクスといえば、エジプトのギザのピラミッド前に鎮座する像をイメージするだろう。実際にスフィンクスの起源は古代エジプトにあり、男性の顔に獅子の体をもつ混成生物としてたびたび描かれた。獅子はもともと王（ファラオ）の権威を象徴する獣として崇められており、その影響ゆえか、ギザのスフィンクスの頭部は第4王朝のカフラー王を模したものとなっている。

しかし時代が下り、エジプト文化が各国へ伝播するにつれ、その姿は多様化していった。エジプトから東のメソポタミアでは、半身は乳房をもつ女性で背に翼があり、死を司る神となった。本国エジプトでも鷲や鷹のほか、雄羊頭のスフィンクスも現れた。雄羊はエジプト神々の王アメンの化身とされたためだ。今もカルナック神殿の参道で羊頭のスフィンクスを見ることができる。

旅人へ「謎かけ」を出題、その答えは……

最も脚色がなされたのは、ギリシャ神話のスフィンクスだろう。姿はメソポ

タミアのそれと似ているが、神話の中で彼女は女神エキドナと巨人テュポーンの娘とされた。ゼウスの妻ヘラの命令で、ピキオテン山にすむようになると、山を通行する旅人を苦しめる魔物となってしまう。

ピキオテン山のスフィンクスは、エジプトのテーベへと続く道を通ろうとする旅人の前に現れ、こう問いた。「朝は4本足。昼は2本足。夕方には3本足となる生き物は何か?」ほとんどの旅人はこの謎かけに答えられず、スフィンクスの餌食となって命を落とした。この難題に立ち向かったのが、のちにテーベ王となるオイディプスだった。山を訪れたオイディプスに、スフィンクスは同様の謎かけを出した。そこで、オイディプスはこう返した。「答えは人間だ。赤子の時は4つ足で歩く。成人すると2足歩行となる。そして老いれば3番目の足となる杖をもつようになるからだ」オイディプスの賢さに愕然としたスフィンクスは、崖から身を投げ死んでしまった。

象徴主義を代表する画家ギュスターヴ・モローは、この神話をテーマに「オイディプスとスフィンクス」を制作。以来、怪物スフィンクスは芸術作品の題材として好まれるようになった。

セイレーンをかたどったギリシャの彫刻作品
（アテネ国立考古学博物館蔵）

4章 精霊・悪霊・アンデッド

不死の存在「精霊」と「アンデッド」

自然の要素を人格化した精霊と生ける屍アンデッド

精霊とは神話や伝説における超自然的で神聖な存在だ。人知を超えた能力をもっており、ある一定の場所、特に神聖な領域に棲んでいるなど、活動範囲が限られていることが多い。しばしば妖精と混同されるが、違いは視認できるかどうか。精霊は目に見えない存在、漠然とした概念そのものであり、特定の能力をもつ人にしか認識できないという。また、精霊には生死の概念がなく、魂をもたないとされる。それゆえ、人間と関わることで自身の魂を得る精霊や、人間に接触し魂を奪い集める精霊も多く見られる。

現代のファンタジーで精霊というと、自然を擬人化したキャラクターが多く、中でも火・水・風（空気）・土の四大元素をもとにした精霊がポピュラーだ。これは16世紀の錬金術師パラケルススが自著『妖精の書』にまとめた「四大精霊」が原典のひとつだろう。パラケルススは4つの元素それぞれにサラマンダー［↓P144］、ウンディーネ［↓P148］、シルフ［↓P152］、ノーム［↓P153］の特定の精霊が宿るとした。このように錬金術師たちは、金属錬製の過程で超自然的な現象や神秘的な存在についても解明しようとしたため、精霊のような幻想生物に対する考察や仮説なども多く残している。

魔術師は悪魔を召喚できるというが、悪魔だけでなく精霊を操る術ももっていたという。中には降霊術や幽体離脱を行う者もいたが、特にインパクトがある魔術が死者蘇生術（ネクロマンサー）だ。遺体に再び命を吹き込み自らの傀儡にする技術は、世界各地で記述例が見られる。ネクロマンサーが操るような死にきれない生者や、死してなお生きながらえているものは「アンデッド（不死者）」と呼ばれる。幽霊や亡霊のような霊体や、生ける屍とされたゾンビ［↓P160］、肉を失い骨だけでさまようスケルトン［↓P168］などがあげられる。そのほかアンデッドの特徴として、ヴァンパイア［↓P174］のように、アンデッドに襲われると同種のアンデッドになるという設定も多い。

サラマンダー

Salamander

別名 サラマンデル、サラマンドラなど

伝承地域 ヨーロッパ
生息地 火山など
出典 『博物誌』、『妖精の書』など

燃え盛る炎の中で生きる精霊

錬金術に登場する「四大精霊」のうち火を司る精霊。トカゲやイモリのような姿で、火山の斜面など灼熱の場所に棲んでいるとされている。『博物誌』の著者プリニウスは「サラマンダーは非常に冷たく、触れただけで火を消してしまう」と記録している。また、吐き出す液体が人にかかると、皮膚が変色して体毛がすべて抜けてしまうという。

錬金術
卑金属から貴金属をつくる技術。15世紀の錬金術師兼医師パラケルスス以降は、錬金術の目的が金の錬成から病気の治療へとシフトする。

四大精霊(エレメンタル)
錬金術で重要視される火・水・風(空気)・地の四大元素にはそれぞれを司る精霊が存在するという考え。

ファイアー・ドレイク
サラマンダーと同じく火の精霊とされる竜。

強力な毒をもつ危険な精霊

大錬金術師パラケルススの著書『妖精の書』によると、火・水・風・地の錬金術の四大元素には、それぞれ精霊が宿るという。サラマンダーはその四大精霊のうちのひとつで、火を司る精霊だ。しかしプリニウスの著述によると「体表が非常に冷たく、触れると火が消えてしまう」、西洋の伝承をまとめた書籍『フィシオロゴス』によると「火に強く、炉の中を消火してしまう」と、火の燃焼を助けるのではなく、冷たい体温で火を消す生態をもつ。

もうひとつ特筆すべき性質として、その毒があげられる。サラマンダーが口から吐き出す分泌物に人間が触れると、体毛が失われ皮膚が変色し、湿疹が起こるという。サラマンダーの毒はあらゆる生物の中で最も強いと語られ、サラマンダーが樹木に這いあがると、実っているすべての果実に毒を注ぎ込むため、その果物を食べた人や、果物が落ちた井戸の水を飲んだ人は毒に侵される。プリニウスは「サラマンダーがもしも水の中で死んでいた場合、その水を飲むのは非常に危険である」と、その危険性を強く訴えた。サラマンダーの毒を解毒するためには、ヨーロッパミドリゲンセイ（スパニッシュフライ）という甲虫を口にするのがよいとされる。

毒を撒く悪魔か、正義の象徴か

その強い毒性から、古代ではサラマンダーは邪悪な悪魔とみなされていたが、初期キリスト教では信仰の対象となった。サラマンダーは悪の炎に耐えると認識されたからだ。そのため、忍耐や正義の象徴として紋章にデザインされることもあった。中世ヨーロッパでは、貴重品を入れるためにサラマンダーの革でつくられたとうたわれる「防火布」が使われた。汚れたら火の中に投げ入れればきれいになるといわれていたこの防火布は、実は石綿（アスベスト）でできていたことがのちの研究で判明している。

創作の中でも、サラマンダーは赤いトカゲや、炎をまとったような姿で火の精霊や魔物として描かれることが多い。近年ではアニメ映画『アナと雪の女王2』に、青いトカゲのサラマンダーが描かれている。手のひらサイズで非常にかわいらしいが、油断していると強力な火の玉をぶつけてくる。

Undine
ウンディーネ

別名 オンディーヌ、アンダインなど

伝承地域 ヨーロッパ
生息地 森の池、海など
出典 『博物誌』、『妖精の書』など

人間と恋をする美しい精霊

四大精霊のうち水を司るとされる。スリムな体型で美しく、柔らかくて冷たい肌をもつ女性の姿とされることが多いが、蛇や魚のような姿で描かれることもある。性格は面倒くさがりで信用に値しないという。もともとは魂をもたない精霊だが、人間と結ばれることによって魂を得るとされることから、恋愛に関連する物語が多く語られている。

アプサラス
インド神話における水の精。体型が細くて美しく、人間と恋愛をした話が伝わっているなど、ウンディーネと共通する点が見られる。

人間の男性を愛する美しくも悲しい水の精霊

スラリとした体と水音のような美声をもつ水の精霊ウンディーネ。もともと魂をもたない存在であるが、人間と結ばれることにより魂を得ることができる。しかし、魂を得ることと引き換えに人間の苦難と罰も背負うことになる。水の近くで夫にけなされた場合、魂は失われ水中に戻らなければならない。夫に裏切られた時は、やはり魂を失って水中に戻り、同時に夫の命を奪わなければならない。またある説では、ウンディーネは不老不死の精霊であるが、男性と結ばれ、かつ子どもをうむと、老化がはじまるといわれている。

ウンディーネに関連する伝承のひとつに、ある騎士とウンディーネの恋に関するものがある。騎士は美しいウンディーネに見初めて愛を語り、ウンディーネはそれを受け入れ、ふたりは結ばれた。しかし次第に騎士はウンディーネから離れ、別の女性と会うようになる。騎士の裏切りを知ったウンディーネは、騎士に「眠ったら呼吸が止まる」呪いをかけた。騎士は眠らないように必死に我慢するが、やがて睡魔に負けて眠りに落ち、息を引き取ったという。睡眠時に無呼吸の症状が現れる難病「先天性中枢性肺胞低換気症候群」は、この伝承をもとに「ウンディーネの呪い」と呼ばれることがある。

ウンディーネの悲恋が人々を魅了した

美しい容姿と魂の苦難を抱えるウンディーネの魅力は、多くの作家や詩人の創作意欲をかき立てた。中でもドイツの作家フリードリヒ・フーケによる1811年の小説『ウンディーネ』は絶賛され、長く語り継がれるようになる。ヒルデブラントという騎士はウンディーネを妻にするが、ベルタルダという別の女性に一目惚れをしてしまう。裏切られたウンディーネは海に帰り、ヒルデブラントはベルタルダと結婚することに。結婚前夜、ヒルデブラントが井戸の側に行くと、そこにはウンディーネがいた。ウンディーネはヒルデブラントの魂を抜き、そこには彼の肉体だけが置かれていたという。

ウンディーネがクリエイターにとって魅力的であるのは現代も同じで、多くの作品で美しい女性の姿で描かれる。ゲーム『聖剣伝説3』では青色の肌をした人魚のような姿で描かれており、関西弁で喋るところを含め、印象が強い。

Sylph
シルフ

別名 シルフィードなど

伝承地域 ヨーロッパ
生息地 空気中、高所など
出典 『妖精の書』『ラ・シルフィード』など

気まぐれで美しい風の精霊

四大精霊のうち風（空気）を司る精霊。人間よりも長身で力が強く、気まぐれな性分とされる。

シルフは美しく若い女性の姿で描かれていることが多い。代表的なのがバレエ『ラ・シルフィード』に登場する女性シルフ「シルフィード」だ。シルフィードは結婚を控える青年ジェイムズに恋し、結婚指輪を奪い取りジェイムズを森に誘う。森でダンスを踊るふたりだが、やがて彼はシルフィードを自分のものにしたいと、魔女からもらった魔法のベールを使用。しかしこのベールには呪いがかかっており、シルフィードはそのまま息を引き取ってしまう。

Gnome
ノーム
別名 ピグミー、グノーシスなど

伝承地域 ヨーロッパなど
生息地 土の中
出典 『妖精の書』など

小さいけれど頼れる地の守護者

四大精霊のうち、土を司る精霊。髭を生やした老人の小人として描かれることが多く、欲深い性格。似たような容姿の小人ドワーフ［→P94］やゴブリン［→P110］と混同されることもある。ノームたちは土の中に棲んでおり、鉱脈のありかを知っているほか、鉱物などの宝を守っているという。

また、ゲルマン神話にも「ノーム」という名前で、土の中に潜む地面の精霊が登場する。このノームは小さな肥満の老人で、いつも修道士の格好をしているという。四大精霊のノーム同様、ゲルマン神話のノームも鉱山で働き、財宝を守っているという。

Rusalka
ルサルカ

別名 シュトヴカ、チェルトヴカ、キトハなど

伝承地域 ロシア
生息地 川、森など
出典 民間伝承など

2つの容姿が伝わるロシアの精霊

ロシアの民間伝承に登場する水の精霊。その正体は水死した女性とも。ロシア全土に広く伝わっているが、南部では美しい金髪の若い女性とされているのに対し、北部では緑色の髪の毛をもつ顔色の悪い老婆の姿とされる。

ルサルカは基本的に男性を誘惑し水中に引きずり込み、溺死させる。しかしルサルカが人間の男と結婚する伝承もある。しかし男が浮気をしたため川へ帰還。ルサルカを心から愛していることに気がついた男は川へ向かう。ようやく彼女に再会し、男は強く抱きしめるが、精霊の姿に戻った彼女は精霊としての性に抗えず、男を殺めてしまうのであった。

ジン

Djin

別名 ジェン、ジーニーなど

伝承地域 イスラム諸国
生息地 水場、森、山
出典 『コーラン』『千夜一夜物語』など

複数の姿や解釈をもつイスラムの精霊

アッラーがサハラ砂漠の風から創造したとされる超自然的存在で、イスラム諸国で広く信仰されている。複数存在し、善良なものと邪悪なものがいるとされる。善良なジンとはイスラム教に従順であるとされ、物語集『千夜一夜物語』内で見られるように、人間と結ばれて子をもうけたり、気に入った相手に富を与えたりする。邪悪なジンはイスラム教に反したものと解釈されており、悪魔シャイターンや鬼神イフリートがそれであるとされる。

美女に変身できるが、足だけ駱駝《らくだ》などよく失敗するためジンだと見分けられる。ただし、見分けるほどジンに近づいた者はほぼ助からないという。

ニンフ

Nymph

別名 ニュンペーなど

伝承地域 ギリシャ
生息地 泉、川、森、山など
出典 ギリシャ神話など

自然に宿る魅惑的な女性の精霊たち

美しく若い女性の姿で描かれる、自然の精霊。裸に近い透き通った服をまとい、古代ギリシャの女性がしていたようなアップスタイルの髪型で描かれることが多い。山や川、海などさまざまな場所に宿っており、川や泉などの淡水にいるものは「オレイアデス」、海は「オケアニデス」、山は「アルセーイデス」、谷は「ネパイアー」、森は「ウレーオーロイ」といったように、宿る場所によって呼び名が異なる。ニンフたちは神に仕える存在で、歌や踊りを披露する。時には幼い神の養育を担当することもあり、全知全能の神ゼウスは幼い頃に、ニンフから山羊の乳とハチミツを与えられていたとされている。また、ニンフは予言の力をもつとされ、ニンフが宿っている泉の水を飲むと予言の力を得ることができるといわれる。

神ではないため不死ではないが、それでも寿命は数千年あるとされる。例外として、植物に宿るニンフは、その植物が枯れると同時に、泉に宿るニンフは、水が枯れた時に命を落とすなど、自然に宿るニンフは、宿主と運命をともにするものと考えられている。

美しいニンフに心奪われる者は多く、牧神パンはニンフに恋をし、しつこく言い寄って逃げられ、山の精霊サテュロス［→P134］は、よくニンフを追いかけまわしていたという。また、ニンフは人間に恋をすることもある。人間の美男子を気にいればさらったり、想いが受けいれられなければ盲目にするなど罰したりすることもあったという。

恋多く開放的なニンフの性質を活かした作品が、フィンランドのドラマ『ニンフ　妖精たちの誘惑』だ。ニンフたちは満月の夜、人間の男性と交わることで永遠の命を保つが、ニンフと交わった男性は死んでしまう。ニンフを怪しくも魅力的に描いたこの作品は大ヒットし、日本語にも吹き替えられた。

グール

Ghoul

別名 ゴルゴール、クトルブ、グーラなど

伝承地域 北アフリカ、インド、アラブ諸国
生息地 砂漠、墓地など
出典 民間伝承、『千夜一夜物語』、「クトゥルフ神話」など

徘徊して死体を喰らう不気味な精霊

グールは精霊ジン［↓P155］の一種とされる。グールという呼び方は男性を指し、女性のグールはグーラと呼ぶ。死体を喰うという性質から、日本では「食屍鬼」と呼ばれることもあるが、種族としては鬼ではなく精霊である。また、性質に類似点があることからゲーム『ドラゴンクエスト』シリーズのようにアンデッドのゾンビ［↓P160］の仲間のように描かれることが多いが、本来のグールは精霊なのでまったく別の存在である。

肌が黒く毛深い醜悪な容姿だが、ハイエナや人間などいろいろな姿に変身する能力をもち、特にグーラは美しい女性の姿をとることがあるという。頭の回

転がとても速く、また人間に欲情するとされている。砂漠の旅人を惑わしたり、襲いかかったりすることがある。

彼らは、よく戦場や墓地など人間が死ぬ場所に出現して徘徊する。死んだばかりの新しい死体があれば掘り返し、それをむさぼり喰うという。死体を喰っているグールを目撃した人間は襲われ喰われてしまう。また、グールは手や足を切り落としたとしても、すぐに再生する能力をもつ。だが、腹部が弱点といわれているので、グールに襲われた場合、腹を狙って攻撃するといいだろう。

創作物でもお馴染みのグールだが、ハワード・フィリップス・ラヴクラフトの創作神話「クトゥルフ神話」にも登場する。その初出は、同作者の小説『ピックマンのモデル』だ。主人公が友人の画家ピックマンのアトリエへ作品を見に行くと、死体を喰うグールの絵がリアルに描かれていた。だが、ピックマンは想像でそれらの絵を描いていたのではなく、アトリエの地下にグールを閉じ込めていて、実際に死体を喰わせて写真を撮り、それをスケッチしていた。ピックマンはその後自身もグールと化し、続編小説『未知なるカダスを夢に求めて』ではグールの仲間たちを率いて戦いに挑む姿が描かれている。

Zombie ゾンビ

伝承地域 ヨーロッパ
生息地 陸上・湖
出典 イギリスの民間伝承など

島国の信仰からうまれた操られし死者

死者が薬や魔術などで蘇った存在。カリブ海に浮かぶ島国、ハイチ共和国で独自の発展をとげた民間信仰ブードゥー教の中で、神官が死者を操ったという伝承にもとづきゾンビの概念がうみ出されたと考えられる。その後、映画やゲームなどの創作物を通じてゾンビの存在は広く周知されていった。中国のキョンシーをゾンビの一種とすることも。

ネクロマンサー
死者を操ったり、魂を呼んで話をしたりする術「ネクロマンシー」を行う術者。特に近年の創作物に見られるネクロマンサーは、ブードゥー教の魔術師をモチーフにしていると考えられている。

ブードゥー教の黒魔術でつくられた奴隷

多くの映画やアニメに登場するゾンビは世界的に有名な存在だが、その始まりはハイチ共和国を中心に信仰されているブードゥー教であると考えられている。ブードゥー教の神官の中でも黒魔術を扱う者がゾンビをつくり、奴隷として働かせるという。

ゾンビをつくる術というと、死者蘇生術を想像するかもしれないが、実際は生きている人間に薬を用いる。重罪を犯した者に、ふぐの毒テトロドトキシンなどを調合した薬を吸わせたり、体にすり込んだりする。体が麻痺して仮死状態のようになった罪人は、生きたまま死者として扱われ埋葬される。そののち神官が墓へ行って罪人を掘り返す。毒薬の影響で体も思考もうまく働かず、話すことすらままならない罪人は、神官に操られるがまま農園などに労働力として送り込まれ、ただひたすら機械的に作業に従事するのである。

ブードゥー教のゾンビは、のちに創作物の中で変化していった「人を襲うゾンビ」とはかなり異なる存在だ。ハイチに住む人々はゾンビは恐怖の対象ではあるものの、〝ゾンビに襲われること〟ではなく〝ゾンビにされること〟を何より恐れた。そのため人々は罪を犯さないよう意識するようになり、秩序の維持に役立ったといわれる。なお、現代ハイチの刑法には「実際に死を引き起こさなくても、人間を長期間昏睡状態に陥れることは殺人とみなされる」という条文があり、実質的に人をゾンビ化させることも法律違反にあたるのだ。

創作物におけるゾンビの基礎と派生

ゾンビを世界中に周知したのは、映画監督ジョージ・ロメロが制作した『ナイト・オブ・ザ・リビングデッド』、『ゾンビ』、『死霊のえじき』のゾンビ映画3部作である。この中で「思考しない」「動きが遅い」「ゾンビに噛まれた者がゾンビになる」「生者を襲う」などといった、以降のゾンビのイメージを決定づける設定がつくられた。ジョージ・ロメロのゾンビをベースに、映画『バタリアン』に代表される走るゾンビ、ゲーム『バイオハザード』シリーズに登場するゾンビ犬のような人間以外のゾンビなど、多くの創作物の中でゾンビは派生していった。

Wraith
レイス

伝承地域　スコットランド
生息地　夜間の随所
出典　『指輪物語』など

もとは人間だった実体のない存在

アンデッドの一種とされることもあるレイスだが、実体のない霊体のような存在である。魔術師が術に失敗して、魂が分離したまま戻れずに変容したものともいわれている。光を嫌い、夜間に活動する。その性質は善と悪があり、生者を呪うものもいれば人助けをするものもいる。中には、人間であった頃の記憶が残っており、魔術の研究を行う個体もいるとされる。

現代に至るまで多くの創作物に登場してきたリッチの設定を決定づけたのは、トールキンの『指輪物語』に登場するナズグル（指輪の幽鬼）である。もとは魔術を扱う人間であったが実体を失い、冥王サウロンのしもべとして働いた。

Lich
リッチ

伝承地域 なし
生息地 随所
出典 『魔術師の帝国』『ダンジョンズ&ドラゴンズ』など

死霊魔術でうみ出された生ける死者

リッチは、もともと古代の英語で「死者」を意味する言葉であった。アンデッドの一種で、ほぼ骨とただれた皮だけの体をしており、黒のボロ布のようなローブをまとった姿に描かれることが多い。生前は強力な魔術師や高貴な身分の者であったとされるため、冠やネックレスなどのアクセサリーを身につけていることもある。ネクロマンサーが、自らに死霊魔術《ネクロマンシー》を行うことによってうまれたものとされている。クラーク・アシュトン・スミスの小説『魔術師の帝国』が原型とされ、テーブルトークゲーム『ダンジョンズ&ドラゴンズ』において設定が確立されたといわれている。

Jack-o'-Lantern
ジャック・オー・ランタン

別名 ウィル・オ・ザ・ウィスプ、ヒンキー・パンクなど

伝承地域 ヨーロッパ
生息地 脇道、荒野、沼地など
出典 民間伝承など

悪魔を脅して契約した男のなれの果て

毎年10月31日に祝われるハロウィンの祭り。現代日本でもよく知られているが、もとはケルト地方の収穫祭であった。そんなハロウィン祭の街並みを彩るのが、かぼちゃをくり抜いてつくられた灯火、ジャック・オー・ランタンだ。

ジャック・オー・ランタンは、もともとは夜の沼地や荒野にぼうっと出現する炎のようなものであり、夜の墓地に出現する「鬼火」や「狐火」と似たようなものと考えられている。これは、自然界の中にあるガスが自然発火して起こったものという科学的な解釈もあるが、悪魔や精霊の仕業として世界中に伝承が残っている。呼び方も各地で異なり、「火の尻尾のジェニー」、「ヒンキー・

パンク」、「灯火を持ったビリー」、「ウィル・オ・ザ・ウィスプ」「妖精の火」などがあげられる。

ジャック・オー・ランタンの誕生にはこんな伝承がある。悪知恵の働く農民ジャックは、ある日「おいしいりんごが実る木がある」と悪魔をそそのかして木に登らせ、木の周囲に十字架を置いて悪魔を降りられなくした。そして悪魔に「自分が死んでも決して地獄に連れて行かないと約束しろ」と脅した。悪魔は承諾し、契約は成立。のちに死んだジャックは天国に向かうが、生前の素行の悪さから天国が受け入れを拒否。仕方なく地獄へ行ったが、契約があるとして地獄も受け入れを拒む。行き先がなくなったジャックは途方に暮れた。「お先真っ暗でどこへも行けない」とジャックが嘆くと、悪魔は決して消えない地獄の炎をひとつジャックにわたした。ジャックはカブをくりぬいて地獄の炎を入れてランタンをつくり、その灯りで周囲を照らしながら永遠にさまようことになったという。

この伝承の通り、ジャック・オー・ランタンはもともとカブであった。しかし、伝承がアメリカに渡った際、カボチャに変わったとされる。

Skeleton

スケルトン

伝承地域 ヨーロッパ
生息地 古戦場、難破船、墓地など
出典 民間伝承など

骨だけの状態で動きまわるアンデッド

スケルトンは英語で「骸骨」を意味する言葉だが、種族名としては人間のように動きまわる骸骨のことをいう。起源ははっきりとわかっていないが、魔術師が墓から死人を取り出して復活させたものといわれていたり、古戦場に現れる騎士の亡霊といわれたりすることもある。騎士の亡霊は鎧を身につけていると、普通の騎士と見分けがつかないという。

幽霊船
スケルトンに関連する伝承のひとつ。病の蔓延などの理由で乗組員が全滅した船が、やがてスケルトンの操る幽霊船になるとされている。

フライング・ダッチマン
イギリスの伝説の幽霊船。南アフリカの喜望峰を嵐で超えられなかったのを理由に船長が風を罵ると、ダッチマン号は幽霊船となる呪いをかけられ、以来さまよい続けたという。

生者を羨む白骨化した死人たち

骨のみの姿となりながらも、自在に動きまわるアンデッドの一種がスケルトンである。「スケルトン」という言葉そのものが英語で骸骨を意味する。起源は不明ながらも、中世以降多くのヨーロッパの伝承で語られ、さまざまな創作物に登場してきた。

スケルトンを題材とする絵画としてあげられるのが「死の舞踏」と呼ばれる作品群だ。14～15世紀のドイツの画家ハンス・ホルバインやコンラート・ヴィッツら、多くの芸術家らが好んで描いたこのテーマの作品には、スケルトンとなった死者たちが生者とともに楽しそうに踊っていたり、行進したりしている姿が描かれている。スケルトンたちが身につけているもので、彼らの生前の職業や身分がわかるが、身分の高い者も低い者も一緒に描かれている。これは、当時ヨーロッパでペストが大流行したのを背景に、身分や職業に関わらず「死」は誰しもに平等に訪れるものであるということ、「メメント・モリ（＝死を思え、つまり死を忘れてはいけないという意味）」を表しているとされる。

大航海時代には「幽霊船」の存在が囁かれるようになった。航海中の船内で病が蔓延するなどして、乗組員が全滅。やがて白骨化した乗組員の死体は起きあがり、船を動かして大海をさまよい続けるという。生者が乗る船を見つけると、船体を体当たりさせて沈めようとしたり、シミターと呼ばれる湾曲した刀を手に襲いかかってきたりするという。

ハリーハウゼンが確立したスケルトン像

スケルトンの存在を広く知らしめるきっかけとなったのは、特撮監督レイ・ハリーハウゼンの特撮映画『シンドバッド7回目の航海』に登場する骸骨剣士と考えられている。ストップモーション・アニメーションを駆使して、剣と盾をもつ骸骨剣士とシンドバッドの戦いを巧みに描いている。

ハリーハウゼンが確定させたスケルトンのイメージは現代まで生きており、ゲーム『ファイナルファンタジー』のスケルトンや『ドラゴンクエスト』のがいこつなど、骨のみの姿で剣などを手に襲ってくる魔物が今日のメディア作品でも活躍し続けている。

Mummy
マミー

別名 ミイラなど

伝承地域 エジプト
生息地 墓地、砂漠など
出典 民間伝承

人を襲うアンデッドはよく効く薬だった？

マミーは「ミイラ」の英語名であり、同じ存在を指す言葉とされる。また「ミイラ」の語源は、アスファルトに溶けている化合物「瀝青《れきせい》」を意味するペルシャ語「ムンミヤ」であるといわれている。当時、ムンミヤは万能薬であると信じられていた。ミイラを人工的につくる際、防腐処理のため表面に樹脂を塗る。樹脂は時間が経つと黒く変色するのだが、ミイラが黒くなっているのを見た人々は、ミイラにムンミヤが塗られたのではないかと勘違いしたという。

万能薬が塗り込まれたと思われたミイラは、薬効があるものと考えられ、取引されるようになった。やがて海外にも輸出されるようになり、16〜17世紀のヨーロッパでは一般薬として使われた。売りさばくためのミイラを求めて墓に踏み入る者が増え、中にはそのまま行き倒れて、自身がミイラになってしまった墓荒らしもいたといい、このことが由来して「ミイラ取りがミイラになる」という言葉がうまれたといわれる。

薬としてのミイラは日本にも伝わり、江戸幕府将軍・徳川家重の治世、オランダ船からミイラが運ばれたという。日本語でミイラは「木乃伊」と書くが、これはオランダ語でミイラをさす「モミイ」という言葉からきている。もちろん、ミイラは人間の死体であり薬効はないはずである。

創作物においてのミイラやマミーは、死者が蘇って歩きまわり、人を襲うアンデッドの一種として描かれる。これは1920年代に発生した、エジプト王家のミイラを発掘した作業者が次々と謎の死を遂げたという「王家（ツタンカーメン）の呪い」事件などが、生者を襲ったり呪ったりするイメージに影響を与えていると考えられる。

ゲーム『ファイナルファンタジー』シリーズにもマミーが登場。いずれのタイトルにおいても、マミーは乾燥した死体であるためか火属性の攻撃に弱い。

ヴァンパイア

Vampire

別名 バンパイア、ヴァンパイヤなど

伝承地域 世界各地

生息地 墓地、夜間の町など

出典 民間伝承など

人の血を吸って生き長らえる存在

世界各地でその存在が語られている、人間の生き血を吸う不老不死の存在。見た目は人間と変わらず、性別もあるとされるが、ある時はコウモリや猫の姿をとることも。ヴァンパイアに血を吸われた者もまたヴァンパイアになってしまうといわれている。しかし、日光や十字架、にんにくと弱点が多く、攻略不可能なモンスターではない。

ダンピール

東ヨーロッパやロシアの伝承で語られている、吸血鬼と人間の間にうまれた者。多くは長生きできずにすぐ死んでしまうが、成長できた者は吸血鬼を殺す力をもつため、吸血鬼ハンターとして働くこともあるという。菊地秀行の小説『吸血鬼ハンターD』シリーズなど、ダンピールが活躍する作品も多い。

実際に残るヴァンパイア出現の記録

多くの民間伝承や創作物で語り継がれて来たヴァンパイア。その姿はほぼ人間と同じで、顔色が悪い。人間の血を吸った直後は体が膨らんでいるが、通常は痩せているとされている。一度死んだ人間が蘇った存在とされ、特にヴァンパイア化しやすいのは魔術師や殺人者、狼憑き（ワーウルフ［→P120］）などといわれている。一説では、邪悪な人間が変身した姿ともいわれる。また、ヴァンパイアに血を吸われた者もヴァンパイア化するという。

吸血鬼は伝承上の存在とされるが、時に現実でもヴァンパイアの存在を思わせる事件の記録がある。1725年、セルビアのキシローヴァ村で、ペーター・プロゴヨヴィッチという農民の男が死亡し、埋葬された。それ以降、1週間で9人もの村人が立て続けに命を落とす。この村を支配していたハプスブルク家が調査に乗り出し、ペーターが埋葬された墓を掘り返してみると、ペーターの遺体は死から2ヶ月ほど経過していたが腐敗しておらず、口の周りには血がついていた。彼の心臓に杭を打ち込むと、死体であるのに鮮血が吹き出したという。一連の出来事は「プロゴヨヴィッチ事件」として記録に残る。ほかにも、ヴァンパイア絡みの事件の記録が世界中に残されている。

もしもヴァンパイアに出くわしたら？

ヴァンパイアには、いくつかの弱点が伝わっている。まずは、太陽の光にアレルギー反応を示すという。このため、日中に出歩くことはほとんどない。植物ではにんにくを嫌うとされる。キリスト教の国では十字架がヴァンパイアを退けると考えられている。ほかにもプロゴヨヴィッチ事件などでヴァンパイアを処理する際に杭を使っているが、サンザシやナナカマドを使った杭が有効であるといわれている。また、創作物の中では銀が苦手であるという描写が見られるが、実際は鉄のほうが有効とされ、鉄製のネックレス等で首を守るとよい。

ヴァンパイアの存在をより一般化したのは、イギリスの小説家ブラム・ストーカーによる小説『吸血鬼ドラキュラ』とされる。「ドラキュラ」は作中の登場人物名だが、日本では「吸血鬼」を意味する言葉として使われることがあるほど、広く浸透した。

Boogeyman

ブギーマン

別名 ボギーマン、ブーゲイマンなど

伝承地域 イギリス
生息地 寝室、夜道など
出典 民間伝承

子どもが恐れる〝なんだか怖いもの〟

イギリスに伝わるゴブリン〔↓P110〕の一種。小柄で毛深い姿をしており、さほど頭が良いわけではないが、いたずら好きでずる賢い性格であるという。夜間に歩いている旅人の前に現れて、驚かすことがあるとされる。

別の説では、ブギーマンは〝わけがわからないけどなんだか怖い〟という恐怖を具現化した存在であり、特定の姿をもたない霊体のようなものといわれている。イギリスではよく「良い子にしていないとブギーマンが来るよ」と、子どもに言うことを聞かせるためにブギーマンの存在が使われる。「悪い子はいないか」と探しにくる、日本のなまはげのような存在である。

ブギーマンはボギーマンとも呼ばれるが、これはゴルフ用語のひとつ「ボギー」の語源であるといわれている。現在のような、ホールを決められた打数で回るというゴルフのルールが成立したのは19世紀末頃。決められた打数のことを〝見えない敵〟とみなし、「ボギーマンと戦う」と表現された。ここから転じて、ゴルフの決められた打数のことを「ボギー」というようになった。のちに、決められた打数をさす用語を「パー」、1打オーバーしたことを「ボギー」というように改められたという。

ディズニー映画『ナイトメアー・ビフォア・クリスマス』に登場する悪役ウギー・ブギーも、種族としてはブギーマンである。袋のような見た目だが、中にはぎっしりと虫が詰まっている。罠をよく使い、ハロウィンの晩には子どもたちに悪夢を見せるという。まさに、子どもたちの怖いものを集めたようなキャラクターである。ブギーマンの語源は諸説あるが、ウェールズ語で霊を指す「ブーゲ」もそのひとつとされる。さらに「ブーゲ」は虫を意味する「バグ」という言葉に転じている。ウギー・ブギーの中身が虫である理由は、この語源の繋がりにあるとも考えられるのではないだろうか。

古代ローマの本草書を訳した『ウィーン写本』より、サラマンダー

5章 巨人・魔法生物

ファンタジーを彩る「巨人」「魔法生物」

魔力を秘めた巨大生物は、敵か味方か？

世界中の神話や伝承に登場する怪力で巨躯の生物、巨人。英語では「ジャイアント（Giant）」と呼ぶが、これはギリシャの神々と対立した半人半蛇の巨人族ギガンテスが由来である。神話において神や人間と敵対する巨人は多く、北欧神話では神々と大戦争を起こし、世界を終焉へと向かわせるのである。しかし、神々に罠にかけられて騙し討ちされたり、神々の機知に富む策略で短絡的な計画をやり込められたりする話も多いため、巨人はどこかぼんやりとしていて愚鈍だというイメージが、民間伝承の中で定着したと考えられている。

化け物とされることが多い巨人だが、先住民や前時代の神と捉える場合もあり、ギリシャ神話では大神ゼウス以前、ティタン神族と呼ばれる巨人が世界を支配していたという。ケルト神話にもアイルランドに先住していた巨人フォモール族が登場。一族の勇将バロールは額の真ん中に目をもち、一睨みで敵を殺せたという。また、ひとつ目の巨人として有名なギリシャ神話のサイクロプス［→P188］は、神々にお助けアイテムをくれる職人として登場、巨人がただの怪物ではなく神々の協力者としての一面をもっていることがうかがえる。

伝説に描かれた巨大生物は巨人だけではない。巨大ダコ・クラーケン［→P194］はシーサーペント（海洋の巨大生物）の一種であり、船を海中に引きずり込むという。なお、シーサーペントというと海蛇のようなUMA（未確認生物）を想起する者も多いだろう。そもそもUMAと幻想生物の大きな違いは、神話や伝承に登場するか否かくらいで、境界線はあいまいだ。

巨大生物の中には、魔術師や錬金術師が、その神秘的な力でつくり傀儡にした巨大な土人形ゴーレム［→P198］などもいる。魔術師により生成された生物や疑似生物は「魔法生物」と呼ばれ、人工生命体ホムンクルス［→P204］や魔力で動く石像ガーゴイル［→P208］のほか、スライム［→P214］のように、ゲームやアニメなどのサブカルチャーから有名になったものもいる。

Grendel

グレンデル

別名 地獄の奴隷、幽界の悪霊、カインの末裔など

伝承地域 ヨーロッパ
生息地 沼地、湿原など
出典 『ベオウルフ』、北欧神話など

騒音被害に怒った沼の巨人

イギリスの叙事詩『ベオウルフ』に登場する、沼地の巨人。手が鉤爪で、鱗のような皮膚をもつ。北欧神話に登場する同名の水の巨人グレンデルがモデルの可能性がある。王宮で連日繰り返される宴の騒音に怒り人間を食べてしまったため、英雄ベオウルフが退治しにやってきた。ベオウルフに片腕を引きちぎられたことが致命傷となり、絶命する。

ムスッペル
北欧神話の巨人族のひとつで、炎の巨人。その名は「終末の日」を意味し、最終戦争ラグナロクで世界を焼き尽くした。グレンデルはそれ以外の巨人を指すヨトゥンのうち、水の巨人に属するといわれる。

カイン
『旧約聖書』の最初の人間アダムとイヴの長男。弟アベルを殺害したため、人類最初の殺人者となった。グレンデルはカインの末裔とされる。

英雄に腕を引きちぎられた沼地の魔物

6世紀頃からイギリスに伝わっていた口承伝説を、8世紀頃にひとつの作品としてまとめた叙事詩が『ベオウルフ』である。英雄ベオウルフの武勇伝を2部構成で描いている。この作品の第1部でベオウルフに退治される魔物が、グレンデルという名の巨人だ。手は鉤爪状で、皮膚は鱗に覆われていたと表現されるため、ドラゴンのような外見だったともいわれる。

グレンデルとベオウルフの戦いの顛末は次のようなものだ。現在のデンマークにあるシェラン島の王フロズガールが宮殿を建て、そこで連日宴会を催した。近隣の沼地に棲むグレンデルはその騒音に腹を立て、王家に仕える戦士30人を殺して食べてしまった。この話を耳にした英雄ベオウルフが魔物退治に名乗りをあげ、宮殿で待ち伏せ。そこに現れたグレンデルとの戦いは熾烈を極めたが、ベオウルフがグレンデルの片腕を引きちぎって致命傷を与える。グレンデルはなんとか棲み家へ逃げ帰ったが、そこで息絶えた。復讐を果たそうとしたグレンデルの母もベオウルフに返り討ちにされ、命を落としている。

北欧の巨人伝説にも登場するグレンデル

キリスト教の影響か、『ベオウルフ』ではグレンデルをはじめとする魔物たちを『旧約聖書』に登場する最初の殺人者カインの末裔と位置づけている。

また、グレンデルとベオウルフの血生臭い戦いは、北欧神話に登場するヴァイキングの亡霊ドラウグを投影しているようだ。ドラウグは恐ろしい力をもつ歩く死骸で、倒すには直接力比べをするしかないという。このため北欧の英雄物語には、ドラウグと組み合って格闘するシーンがよく描かれる。

北欧神話にはグレンデルという同名の水の巨人が登場する点からも、『ベオウルフ』が北欧神話から着想を得ている可能性は高いだろう。実は北欧神話において巨人はかなり重要な存在で、世界は巨人ユミルの体からできており、最終戦争ラグナロクでは炎の巨人族ムスッペルの首領スルトが世界を焼き尽くす。巨人というといかついマッチョをイメージしがちだが、ヨトゥンと呼ばれる北欧神話の巨人には見目麗しいものもおり、弓矢とスキーの名手である美貌の雪の巨人スカジは航海の神ニョルズと結婚している。

サイクロプス

Cyclops

別名 キュクロプス、ブロンテス、ステロペス、アルゲスなど

伝承地域 ヨーロッパ

生息地 火山、鍛冶の作業場など

出典 ギリシャ神話、『オデュッセイア』、『神統記』、『博物誌』など

鍛冶が得意なひとつ目の巨人3兄弟

ギリシャ神話に登場するひとつ目の巨人。古代ギリシャの詩人ヘシオドスの叙事詩『神統記』によれば、天の神ウラノスと大地母神ガイアの間にうまれたブロンテス、ステロペス、アルゲスの3兄弟を指すという。ウラノスはこの息子たちを嫌って冥府タルタロスに落としたが、のちにウラノスの孫ゼウスが救出した。ゼウスは対立した実父クロノス（ウラノスの子）との戦いに臨むにあたって、サイクロプスの3兄弟を味方につけたかったのだ。兄弟はゼウスの期待によく応え、鍛冶の神ヘパイストスのもとでゼウスの雷霆など、ゼウスの仲間たちの武器や防具をつくり、勝利に貢献したという。

ヘカトンケイル

Hekatoncheir

別名 ヘカトンケイレス、ケンティマネス、百手の巨人など

伝承地域 ヨーロッパ
生息地 冥界など
出典 ギリシャ神話、『神統記』など

100の腕と50の頭をもつ巨人3兄弟

サイクロプス［↓P188］と父母を同じくするギリシャ神話の巨人。常勝の闘士コットス、危険を察知する戦士ブリアレオス、恐るべき拳をもつギュエスの3兄弟を指す。3兄弟が合体するとヘカトンケイルになり、100の腕と50の頭をもつ姿になるという。サイクロプス同様に、父ウラノスから嫌われて冥府タルタロスに落とされたが、ゼウスに救出されて、対クロノス戦にゼウスの仲間として参戦。100本の腕を駆使して間断なく巨石を投げつけて戦い、ゼウスを勝利に導いた。終戦後はタルタロスの門番となり、ゼウスに敗れたティタン神族を見張る役割を与えられた。

Talos

タロス

別名 ターロスなど

伝承地域 ギリシャ
生息地 クレタ島
出典 ギリシャ・ローマ神話など

青銅に包まれた不死身の巨人

火と金属の神・ヘファイストスにつくられた青銅の巨人。ある一部を除いてほぼ不死身の彼の仕事は、クレタ島を守ること。彼が船に向かって石を投げつけるため、島には誰も上陸できなかった。そんなタロスを退治したのは冒険船、アルゴー号に乗船する英雄たち。彼らはタロスの弱点である足首を狙い、この巨人を倒したのである。

アルゴー号

ギリシャの名工、アルゴスが女神アテナの教えによりつくり上げた巨大な船。遠征という名を持つ船は、コルキスに金羊毛を取りに行くという大冒険でデビューを果たす。乗組員は、イアソンを中心に、ヘラクレスやメディア、双子の英雄・カストルとポリュデウケスなどの50人を超える英雄たち。アルゴナウタイと呼ばれる面々は、多くの敵と戦いながら金羊毛を手に入れ、復路では強敵タロスを倒して無事に帰還するのである。

灼熱の腕を持つクレタ島の番人

巨人という存在はあらゆる神話や民間伝承に現れる、世界共通の怪物だ。旧約聖書の創世記では、神と人間の子供としてネフィリムという巨人が描かれた。ギリシャ神話やローマ神話でも、オリュンポス神より前に世界を支配したのは、巨人族のティーターン族。さらに北欧神話でも古の神として巨人族が存在する。このように、かつて巨人は神の一部だった。

しかし時が経つとギリシャ神話での巨人は、英雄に殺される化け物と変わっていく。英雄たちによって退治された巨人といえば、オデュッセウスに討伐されたひとつ目の巨人キュクロプスが有名だが、ギリシャにはもう1体いる。それはクレタ島にいる青銅の巨人、タロスだ。

このタロスとは、火と金属の神ヘファイストスがつくり出した青銅の巨人のこと。まるで原初のロボットともいえる存在だ。彼はクレタ島を守るためにゼウスからエウロペに贈られ（クレタ島の王ミノスに贈られたという説も）、タロスは1日3回島を巡回し、島に上陸しようとする船に向かって岩石を投げつけて沈めることを日課にしていた。また、燃え盛る両腕で焼き殺したともいわれている。

英雄に殺された青銅の巨人

神によってつくられ金属の巨体を持つタロスは、まさに無敵の番人だ。しかし彼には弱点がひとつだけあった。その場所とは、足首。彼の体には霊液（イコル）が流れているため、足につけた板、あるいは栓のようなもので体をめぐる霊液が流れ出さないように塞いでいたという。

ある時、クレタ島に巨大船アルゴー号がたどり着く。船に乗っていたのはヘラクレスをはじめとする英雄たちだ。彼らはタロスに「不死の秘薬を渡す」と持ちかけ上陸し、タロスが眠っている間に、足首の栓を抜き取ってしまう。それにより体内のイコルが流れ出し、無敗の巨人もとうとう倒れてしまった。

これ以外にもアルゴー号を追い払おうとした際に足を擦りむいた、矢を射られた、などいずれも足首を狙われて殺されている。英雄アキレウスと同じ弱点を持つ巨人は、皮肉にも英雄に殺されて死に至るのである。

クラーケン

Kraken

別名 クラーケ、シュクラケン、シーサーペントなど

伝承地域 ヨーロッパ
生息地 海など
出典 『ノルウェー博物誌』、『軟体動物の博物誌』など

船乗りが恐れた巨大な海の怪物

太く長くぬらぬらした突起物をいくつも伸ばして船を絡め取り、沈めてしまうといわれる巨大海洋生物。体のほとんどが海に沈んだままで、人間は全容を見られないとされるが、正体はタコやイカのような姿をしているという。海上に浮かんで休息する姿は島のように見えるため、船乗りたちが〝上陸〟して焚き火やキャンプをすることもあったという。

シーサーペント

直訳は「海の大蛇」だが、特定の怪物ではなく、船を襲う巨大な蛇、または魚以外の巨大海洋生物全般を指す。クラーケンもこの一種といえる。シーサーペントの出現は、凶兆として恐れられた。

琥珀

実際には樹液の化石だが、北欧の伝説ではクラーケンの排泄物とされる。クラーケンは数か月食べ続けたあと、数か月排泄し続けるという。

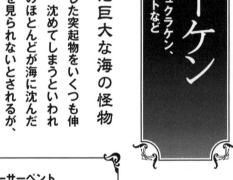

軍艦をも沈没させる謎の巨大海洋生物

北欧の船乗りたちが、決して遭遇したくないと恐怖していた海の怪物クラーケン。その姿や恐ろしさは、ノルウェーの司祭エリック・ポンドピダンの『ノルウェー博物誌』に詳しく語られている。その主な内容は次のようなものだ。

クラーケンは海面に浮上しても全身は現さず、人間は全体像を見られない。体の横幅は約2・5メートルもあり、海藻などの漂流物に取り巻かれた島のようにも見える。水の中からは中型船のマストほどもあるぬらぬらした太い突起物がいくつも伸びあがる。これがクラーケンの腕と推測される。この腕に捕えられたら、巨大な軍艦でも海底に引きずり込まれてしまうという。

これらの特徴を踏まえて、ポンドピダンはクラーケンをヒトデの仲間としているが、後年にはタコやイカの仲間と考えられるようになった。たとえば、19世紀フランスの博物学者デニス・ド・モンフォールは、自著『軟体生物の博物誌』の中でクラーケンを巨大なタコとしている。また、世界最大の無脊椎動物であるダイオウイカが、その正体ではないかとも考えられている。

クラーケンと共通する〝小さな島〟伝説

活動していない時のクラーケンは海面に浮かんで日光浴をしており、この様子が島のように見えるのだという。島だと信じ込んだ船乗りたちはクラーケンに〝上陸〟してキャンプをしたとも、うかつに近づいて腕の餌食になり、海中へ引きずり込まれたとも伝わる。また、クラーケンの排泄物は独特な香りを発して魚を集めるため、クラーケンの〝島〟の周囲は豊漁に恵まれたという。

巨大海洋生物の「浮島伝説」はクラーケンだけではない。教本『フィシオロゴス』には、固い皮膚をもつクジラのような巨大海洋生物アスピドケロンが紹介されている。海上に浮かんだアスピドケロンを島と間違えた船乗りたちが背中の上で焚き火をしたところ、熱くなったアスピドケロンは海中に潜って船乗りたちを食べてしまったという。また、『千夜一夜物語』にザラタンという名の同様の怪物が登場するほか、広く海洋の未確認生物を指すシーサーペントにも、島と誤認される物語がある。このような謎の島の物語が多くうまれた背景には、海への恐怖と同時に、まだ海図が不正確だった点もあげられるだろう。

ゴーレム

Golem

別名 アダム、タロス、トゥピラクなど

伝承地域 ユダヤ地方
生息地 随所
出典 『タナハ』、『ゴーレム』など

土からうまれた動く人形

ユダヤ伝承で、ラビと呼ばれる法律学者につくられた動く人形。主命に従って警備などを行うが、制御不能になることも多い。額につけられた紙に真実を意味する「emet」という言葉があり、死を意味する「met」に書き換えると停止する。無機物の材料からつくられた生命体という点では、旧約聖書のアダムなども同類の存在と考えられる。

アダム

旧約聖書の『創世記』で創造主ヤハウェにつくられた最初の男性。土に聖なる魂を吹き込まれてつくられたことから、人工生命体とみなすことができる。

ヘブライ語

聖書でユダヤ語とも呼ばれるとおり、ユダヤ人が使用する言語。古代パレスチナのヘブライ人が起源。オカルト界隈では津軽弁との共通性が指摘されており、民謡や地名にヘブライ語が隠れているという。

ユダヤに伝わるロボットのような人形

ユダヤの伝承に登場する土製の人形がゴーレムだ。もちろん、ただの人形ではない。ラビ（ユダヤの法律学者）が粘土をこねて人形をつくり、その額にヘブライ語で「真実」を意味する「emet」と書いた紙を貼ることで、創造主であるラビの命令を忠実にこなす、ロボットのような動く人形になるのだ。

伝説によれば、現在のプラハで、イェフダ・レーヴという実在のラビが、ユダヤ人の居住地区を警備させるためにゴーレムをつくったという。しかしイェフダはこのゴーレムをうまく制御できず、町や住民に危害を加えることがあったため、彼はゴーレムを壊すことにした。その方法とは、額の紙にある文字から1文字目の「e」を消し、「met」にすることである。「met」はヘブライ語で「死」を意味するため、ゴーレムは動きを止めたと伝わる。

ただし、この時ゴーレムは本当に死んだのではなく、仮死状態になっただけという解釈もある。ゴーレムはいまだにプラハのどこかに生き続けており、再び必要とされる日を待っているのだという。

ゴーレムとも考えられる人工生命体

土から生命体が誕生するという展開は、旧約聖書の『創世記』で最初の男性アダムがつくられた伝承と類似している。この点ではアダムもゴーレムの一種とみなすことができそうだ。同様に、ギリシャ神話の鍛冶の神へパイストスが青銅からつくり出した巨人タロス［→P190］もゴーレムに近い存在といえる。

また、北極圏に住むイヌイットにはトゥピラクという呪いの人形が伝わっており、これも製作手順はゴーレムとよく似ている。トゥピラクの場合はアンガコックと呼ばれるシャーマンが泥炭や骨、布などを使って小型の人形をつくり、呪文を込めた歌を歌って生命を吹き込む。トゥピラクは呪いを目的としているため、最後は標的のもとに泳いで行けるように海に流されるという。トゥピラクは現在でも土産物として売られているが、もちろん呪いの力はない。

日本のゲーム界におけるゴーレムは防御力と攻撃力が非常に高く、任務に忠実であることが多い。初代『ドラゴンクエスト』で、メルキドの町の入り口を守るゴーレムに初見で驚かされたプレイヤーは少なくないだろう。

フランケンシュタインの怪物

Frankenstein's monster

別名 労働者アダム、クリーチャー、惨めなものなど

伝承地域 ヨーロッパ
生息地 どこでも
出典 『フランケンシュタイン』

創造主に愛されなかった名無しの人造人間

イギリスの小説家メアリー・ウルストンクラフト・ゴドウィン・シェリーの小説『フランケンシュタイン』に登場する名無しの人造人間。マッドサイエンティストのヴィクター・フランケンシュタインにつくられたため、便宜上フランケンシュタインの怪物と呼ばれる。怪物自身がフランケンシュタインと呼ばれることもあるが、正しくはつくった人間がフランケンシュタインなのだ。

この怪物の物語のあらすじは次のようなものである。ドイツの名門大学の学生ヴィクターは生命の神秘に魅入られ、墓を暴いて集めた死体に科学と錬金術を駆使して人造人間をつくる。この人造人間は優れた知性と体力をもっていた

が、死体のつぎはぎなので容姿が醜く、嫌悪したヴィクターは〝怪物〟を置き去りにしてジュネーヴの実家に帰った。すると怪物はヴィクターを追い、ヴィクターの弟を殺害、自分のパートナーになる人造人間をつくれとヴィクターに迫る。一度は了承したヴィクターだが、怪物が増えることを恐れて逃亡。怒った怪物はヴィクターの友人や妻を殺害した。ヴィクターは復讐のため北極まで怪物を追いかけるが力尽き、北極探検隊の船内で絶命。そこに現れた怪物はヴィクターの死を深く悲しみ、自ら命を絶つために北極海へと姿を消した。

『フランケンシュタイン』の出版は産業革命まっただ中の1818年で、科学技術や医学が劇的に進歩した時代だった。そんな中で作者のシェリーは、革新的な技術を制御できなかった場合の危険性をヴィクターに投影したといえる。技術の変革には慎重さも必要だという考えは、この当時からあったのだ。

科学の進歩への警鐘を怪奇小説の形式でショッキングに描いた『フランケンシュタイン』は後世にも影響を与え続け、多くの映像作品や舞台作品の題材になっている。なお、フランケンシュタインの怪物の特徴とも呼べる四角形の頭は実写版映画が初出で、原作小説にそのような特徴を示す記述は見られない。

ホムンクルス

Homunculus

別名 精子微人など

伝承地域 ヨーロッパ
生息地 フラスコの中
出典 『ホムンクルスの書』など

錬金術の最終目的？　フラスコの中の人造人間

ホムンクルスとはラテン語で「小人」を意味し、錬金術師がつくり出す人造人間とされる。スイス出身の医師兼錬金術師のパラケルススによれば、フラスコに人間の精液を密封して腐敗させると人間らしきものが発生し、これを馬の母胎と同じ温度で保温しながら人間の血を与えると、人間の子どもになるという。しかし体はとても小さく、フラスコの中でしか生きられないともいわれる。

また、15世紀に結成されたというドイツの秘密結社「薔薇十字団」に伝わる文書『クリスチャン・ローゼンクロイツの化学の結婚』では、ホムンクルスの生成が斬首された王と王妃の再生になぞらえて解説される。薔薇十字団の指導者クリスチャン・ローゼンクロイツは斬首前日から薬液を精製し、王と王妃の遺体が運ばれると7階建ての塔で錬金作業をはじめる。まずは助手の錬金術師たちが遺体を薬液で溶解して黄金の球に流し入れ、各階でこの球の中に熱や王族の血を加えて変化させる。黄金の球の中身は6階で鳥になったのちに殺されて灰にされる。そして最後にローゼンクロイツが参加して7階の屋根裏部屋へ行き、仕上げの作業へ。灰を水で練ってペースト状にして、ふたつの小人の型に詰め込むのだ。そこに鳥の血を与えて太陽光を浴びさせるとパンのように膨らみ、再生した王と王妃のホムンクルスが完成するという。

実はローゼンクロイツが7階の屋根裏部屋で作業中に、7階では術師たちが金の錬成を同時進行している。錬金術といえば低位の金属を金に変化させることが目的とされるが、金を錬成中に指導者のローゼンクロイツはホムンクルスを生成している点から、当時は生命の創出がより重視されたことがうかがえる。

日本のエンタメ界では、漫画『鋼の錬金術師』に主人公の敵役として7体のホムンクルスが登場する。ゲーム界でも錬金術を題材としたホラー作品『デメント』などでホムンクルスが見られる。

マンドラゴラ

Mandragora

別名 マンドレイク、マンドラグロワール、アルラウネ、小さな吊るされ男、愛の植物など

伝承地域 ヨーロッパ
生息地 畑、絞首台の下など
出典 『創世記』、『博物誌』など

狂気の叫びをあげる世にも奇妙な植物

マンドラゴラは、ナス科マンドラゴラ属の学名マンドラゴラ・オフィシナルムという実在の植物である。その根は大根や人参のような太い茎から枝分かれする性質があり、状態によっては手足のある人間の姿に見える。アトロピンとスコポラミンというアルカロイド（自然界に存在する有機化合物）を含有し、古くから痛みや吐き気に効く薬草として使われてきたが、量を誤って摂取すると催眠状態になったり、幻覚を見たりする危険性もある。

このような特徴から、マンドラゴラは神秘的な力を秘めていると信じられ、錬金術師や魔術師が不老不死の薬や媚薬の調合に用いるとされた。さらに、地

面から引き抜く時には、世にも恐ろしい叫び声をあげるともいわれた。この声を聞いたものは発狂したり死んだりしてしまうため、収穫時には空腹の犬を紐で根に結びつけ、離れた場所に肉を置き、肉を食べようと走り出した犬に抜かせたという。もちろん犬は死んでしまうのだから、現代なら炎上間違いなしの方法だ。さらに、人間のような形をしていることから、絞首刑の苦痛に悶えて射精した罪人の精液から生えて、絞首台の下で育つという伝説もうまれた。

マンドラゴラの逸話は古くから書物に見られ、旧約聖書『創世記』ではユダヤ人の祖ヤコブとその妻レアとラケル姉妹の物語の中で、繁殖力を増進する効果が語られている。また、博物学者プリニウスが著した『博物誌』ではマンドラゴラには2種類あり、白が雄、黒が雌と説明されているほか、シェイクスピアの戯曲『ロミオとジュリエット』では狂気を呼ぶ叫び声に触れている。

日本のゲーム作品にも多く取り入れられており、『ドラゴンクエスト』シリーズではモンスターとしても道具作成の素材としても登場する。近年でもアプリゲーム『ツイステッドワンダーランド』にマンドラゴラを育成するストーリーが見られるなど、ファンタジー世界の常連であり続けている。

ガーゴイル

Gargoyle

別名 ガルグイユ、石像鬼など

伝承地域 ヨーロッパ
生息地 陸上・湖
出典 イギリスの民間伝承など

聖堂を守護する冥界の使者

高位の霊的存在に仕える護衛とされる。外見はドラゴン、鳥、蛇などを組み合わせた恐ろしげな姿だが、神殿を守り悪霊を祓う役目を担う。冥界に棲み、雨を集めて豊穣や多産をもたらすともいわれ、神殿の雨樋にはガーゴイルをかたどった彫刻が施された。またフランスには、聖人ローマンに退治されたガルグイユという名のドラゴンの伝説がある。

サグラダ・ファミリア
スペインの建築家アントニオ・ガウディが設計したカトリック教会。いまだ完成しておらず、ガウディの没後100年となる2026年に完成予定。爬虫類がモチーフのガーゴイルが設置されている。

聖人のドラゴン退治
キリスト教ではドラゴンが邪悪とされたため、聖人のドラゴン退治物語は数多い。聖ローマンのガーゴイル退治もこれと同類のものと考えられる。

聖堂に取りつけられた不気味な怪物の由来

現代においてガーゴイルといえば、12世紀後半頃からフランスを中心に隆盛した、ゴシック様式の建築物に見られる彫像を指すことが多い。ゴシック建築は華奢なつくりが特徴のため、屋根が急傾斜になっていることが多く、屋根から勢いよく落ちた雨が壁を傷めないように、雨樋とその雨水の落とし口を取りつけることが一般的だった。この落とし口に設置されたのが、ガーゴイルである。ガーゴイルの大本の語源はラテン語で「喉」を意味し、動詞形は「うがい」を意味するところからも、その役割が察せられるだろう。

ガーゴイルの外見はドラゴンを思わせるトカゲのようなものから、蛇や鳥、後年には人間まであり一定しないが、基本的に悪魔を思わせる恐ろしげな姿をしている。これはガーゴイルが施される建物に宗教施設が多く、集めた不浄のものをガーゴイルが吐き出すと考えられたためのようだ。またガーゴイルは高位の霊的存在を護衛するとも考えられ、神殿の守り手の性格を強めた。もともとは冥界に住んでおり、雨を集めて豊穣や多産を約束するともいわれる。

聖人に敗れたドラゴンはガーゴイルなのか?

彫像のガーゴイルとは別に、フランスのセーヌ川の沼地に棲むドラゴンの伝説がある。このドラゴンは名をガルグイユといい、ガーゴイルのフランス語発音にあたる。ガルグイユが棲む沼地の近くにある町ルーアンでは、住民や家畜がガルグイユに食べられてしまう被害が相次いでいた。そこでルーアンの聖人である聖ローマンは、ふたりの死刑囚を囮にしてガルグイユをおびき出し、十字架で串刺しにして飾り帯で縛りあげた。そしてルーアンの広場に引き出されたガルグイユは、住民たちに焼き殺されたのだ。

この伝説には後日談があり、ガルグイユの灰はセーヌ川に捨てられたが、首だけが焼け残ったため、ガルグイユの首は町の外壁にさらされたという。これこそが、雨水の落とし口である彫像ガーゴイルの由来というわけだ。

ディズニー映画『ノートルダムの鐘』には、ノートルダム大聖堂にあしらわれたガーゴイルたちが命を吹き込まれて登場。恐ろしいモンスターではなくコミカルなキャラクターで、主人公の良き友達となる。

Carbuncle

カーバンクル

別名　小さな石炭など

伝承地域　南米
生息地　密林、川辺など
出典　『アルゼンチナ』、『お気に召すまま』など

額に赤い宝石をもつ正体不明の小動物

カーバンクルとはラテン語で「小さな石炭」を意味し、鉱物学ではルビーを指す。また、古代にはガーネットを示すこともあった。いずれにしても赤い石のことであり、これを額にもつモンスターがカーバンクルである。

しかしカーバンクルの特徴は、赤い石のことしかわからない。16世紀に南米に渡ったスペインの僧侶詩人にして探検家マルティン・デル・バルコ・センテネラは、自著『アルゼンチナ』の中でパラグアイで目撃したカーバンクルを、「燃える石炭のように輝く鏡を頭に乗せた小動物」と表現している。だがこの小動物が獣なのか鳥なのか、はたまた怪物なのかは不明。同じくスペインの探

じまいだった。
検家ゴンサーロ・フェルナンデスは、マゼラン海峡でこの〝燃える石炭〟を見かけた際、百科事典の草分け的存在『語源《エティモロジー》』に掲載されている「ドラゴンが脳の内部に隠しもつ宝石」ではないかと推測したが、結局その正体はわからずじまいだった。

憶測が憶測を呼び、カーバンクルの赤い石は富と幸運をもたらすと噂されるようになった。これを確かめようと考えたセンテネラは、パラグアイの密林や大河を探索したが、すべては徒労に終わったという。

文学作品で頭に宝石をつけている動物といえば、シェイクスピアの戯曲『お気に召すまま』に登場する、醜くて毒をもつヒキガエルだ。カーバンクルとはこのような、両生類の姿をした存在なのかもしれない。一方、日本のエンタメ作品では愛らしい小動物の姿に描かれることが多い。ゲーム『ファイナルファンタジー』シリーズでは5以降、召喚魔法に応じて出現する仲間で、子ギツネのようなデザイン。額の大きな宝石を使って援護魔法をかけてくれる。ゲーム『ぷよぷよ』シリーズでは長い耳をもつウサギのようなデザイン。脱力系の表情で人気を博し、シリーズ全編のマスコットとして親しまれている。

Slime

スライム

別名 ウーズ、ショゴスなど

伝承地域 なし
生息地 地底、山奥など
出典 『狂気の山脈にて』、『ダンジョンズ&ドラゴンズ』など

国民的RPGのマスコットとして知名度が上昇

ゲル状で不定形のモンスター。神話や伝承には登場しないが、自然界のモデルとなるアメーバや粘菌などの微生物を知る手立てがない時代背景を考えれば、当然といえるだろう。スライムの原型が現れるのは現代であり、ラヴクラフトの小説『狂気の山脈にて』に登場するショゴスといわれる。

ショゴスは玉虫色に光るアメーバのような不定形生物で生命力が強く、表面には無数の目をもつ。テーブルトークRPG《ロールプレイングゲーム》『ダンジョンズ&ドラゴンズ』に登場するスライムにはこのイメージが受け継がれ、通常攻撃が通りにくく仲間と合体して増殖するなど、厄介なモンスターに設定されていた。

ところが『ウィザードリィ』などのコンピュータRPGでは、ゲーム序盤に遭遇する〝ザコ〟の扱いが多くなる。もちろん、レトロゲームの中にも例外はあり、モンスター側をプレイする『ラストハルマゲドン』のスライムは武器攻撃に強く、敵を腐敗させる魔法を使えるなどの有用なスキルをもつ。

こうした変遷ののちに広く一般的な知名度を得たのが日本のRPG『ドラゴンクエスト』のスライムだろう。やはり序盤に遭遇する最弱モンスターだが、漫画家・鳥山明の手によるスライムは雫型の体に丸い目と弧を描いた口が愛らしいデザインとなっており、たちまち人気を博した。現在でもドラクエシリーズのマスコット的存在として老若男女に親しまれている。

キャラクター性の画期となったドラクエ以降は、バリエーション豊かなスライムが次々登場している。たとえば、『ファイナルファンタジー』のスライムは通常攻撃がほぼ入らない代わりに弱点をもつことが多く、その弱点をついた魔法攻撃が必要という、原点回帰した設定になっている。一方でパズルゲーム『ぷよぷよ』に登場するスライムは「ぷよぷよ」という名前で、大きな瞳のかわいらしいデザインが人気を集めている。

ホムンクルスを錬成する錬金術師

主要参考文献

『シリーズ・ファンタジー百科 世界の怪物・神獣事典』
キャロル・ローズ著、松村一男訳／原書房

『シリーズ・ファンタジー百科 世界の妖精・妖怪事典』
キャロル・ローズ著、松村一男訳／原書房

『ヴィジュアル版 世界幻想動物百科』 トニー・アラン著、上原ゆうこ訳／原書房

『図説 世界の神話伝説怪物百科』 テリー・ブレヴァートン著、日暮雅通訳／原書房

『図説 ヨーロッパ怪物文化誌事典』 蔵持不三也監修、松平俊久著／原書房

『妖精学大全』 井村君江著／東京書籍

『幻想生物 西洋編』 山北篤、シブヤユウジ著／新紀元社

『図解 水の神と精霊』 山北篤著／新紀元社

『知っておきたい 伝説の魔族・妖族・神族』 健部伸明著／西東社

『ピックマンのモデル』
ハワード・フィリップス・ラヴクラフト著、The Creative CAT訳／青空文庫

『知っておきたい 伝説の英雄とモンスター』 金光仁三郎著／西東社

『幻想世界の住人たち』 健部伸明、怪兵隊著／新紀元社

『盗まれたエジプト文明 ナイル5000年の墓泥棒』 篠田航一著／文藝春秋

『図解 吸血鬼』 森瀬繚、静川龍宗著／新紀元社

『図説 錬金術』 吉村正和著／河出書房新書

『悪魔と悪魔学の事典』 ローズマリ・エレン・グィリー著、金井美子訳／原書房

『悪魔の事典』 フレッド・ゲティングズ著、大滝啓裕訳／青土社

◎本書は2020年11月に小社より単行本として刊行されたものに加筆・修正し文庫化したものです。

文庫ぎんが堂

ゼロからわかる
幻想生物事典

2021年4月20日　第1刷発行

著者　かみゆ歴史編集部
ブックデザイン　タカハシデザイン室
本文イラスト　麻緒乃助、輝竜 司、添田一平、竹村ケイ、中山将平、ハヤケン・サレナ、藤科遥市、まっつん！
本文執筆　飯山恵美、稲泉知、岩崎紘子、さなださな、高宮サキ、野中直美
本文DTP　松井和彌
編集発行人　北畠夏影
発行所　株式会社イースト・プレス
〒101-0051 東京都千代田区神田神保町2-4-7 久月神田ビル
TEL 03-5213-4700　FAX 03-5213-4701
https://www.eastpress.co.jp/
印刷所　中央精版印刷株式会社

ISBN978-4-7816-7202-1